**SIGNATURA RERUM**
Sur la méthode

# DU MÊME AUTEUR

*La fin de la pensée*, Le Nouveau Commerce, 1982

*Idée de la prose*, Christian Bourgois, 1988, 1998

*La communauté qui vient : théorie de la singularité quelconque*, Seuil, 1990

*Stanze*, Payot & Rivages, 1994, 1998

*Moyens sans fins*, Payot & Rivages, 1995

*Bartleby ou la création*, Circé, 1995

*L'homme sans contenu*, Circé, 1996

*Le langage et la mort*, Christian Bourgois, 1997

*Homo Sacer I : Le pouvoir souverain et la vie nue*, Seuil, 1997

*Homo Sacer III : Ce qui reste d'Auschwitz : l'archive et le témoin*, Payot & Rivages, 1999

*Enfance et histoire*, Payot & Rivages, 2000

*Le Temps qui reste*, Payot & Rivages, 2000

*L'ouvert, de l'homme et de l'animal*, Payot & Rivages, 2002

*La fin du poème*, Circé, 2002

*L'ombre de l'amour, le concept d'amour chez Heidegger* (avec Valeria Piazza), Payot & Rivages, 2003

*Homo Sacer II,1 : État d'exception*, Seuil, 2003

*Profanations*, Payot & Rivages, 2005

*La puissance de la pensée*, Payot & Rivages, 2006

*Qu'est-ce qu'un dispositif ?*, Payot & Rivages, 2007

*Qu'est-ce que le contemporain ?*, Payot & Rivages, 2008

*Homo Sacer II, 2 : Le règne et la gloire*, Seuil, 2008

*Nudités,* Payot & Rivages, 2009 et 2012

*Homo Sacer II, 3 : Le sacrement du langage*, Vrin, 2009

*Homo Sacer II, 5 : Opus Dei : Archéologie de l'office*, Seuil, 2012

*Homo Sacer IV, 1 : De la très haute pauvreté*, Payot & Rivages, 2013

*Qu'est-ce que le contemporain ?*, Payot & Rivages, 2013

*Pilate et Jésus*, Payot & Rivages, 2014

TEXTES PHILOSOPHIQUES

Giorgio AGAMBEN

# SIGNATURA RERUM
## Sur la méthode

Traduit de l'italien par
Joël GAYRAUD

PARIS
LIBRAIRIE PHILOSOPHIQUE J. VRIN
6, Place de la Sorbonne, V ᵉ
2014

© *Librairie Philosophique J. VRIN,* 2008

*Imprimé en France*

ISBN 978-2-7116-1989-4

*www.vrin.fr*

# AVERTISSEMENT

Ceux pour qui la pratique de la recherche en sciences humaines est chose familière n'ignorent pas que bien souvent, contrairement à l'opinion commune, la réflexion sur la méthode ne précède pas une telle pratique, mais la suit. Il s'agit donc de pensées en quelque sorte dernières ou avant-dernières, à discuter entre amis, et que seule peut légitimer une longue habitude de la recherche.

Les trois études réunies ici rassemblent les réflexions de l'auteur sur trois problèmes de méthode spécifiques : le concept de paradigme, la théorie des signatures et la relation entre histoire et archéologie. Si ces réflexions se présentent à chaque fois comme une enquête sur la méthode d'un chercheur, Michel Foucault, chez qui l'auteur, ces dernières années, a eu l'occasion d'apprendre beaucoup, c'est parce que l'un des principes méthodologiques non discutés dans le livre – et que l'auteur partage avec Walter Benjamin – est que la théorie ne peut être exposée légitimement que sous la forme de l'interprétation. Le lecteur avisé saura distinguer entre ce qui, dans ces trois études, doit être rendu à Foucault, ce qui doit être mis au compte de l'auteur et ce qui vaut pour tous les deux. A l'inverse de ce qu'on croit généralement, la méthode partage avec la logique l'impossibilité d'être totalement séparée du contexte dans lequel elle opère. Il n'existe pas de méthode valable en tout domaine, de même qu'il n'existe pas de logique qui puisse être dissociée de ses objets.

Selon un autre principe méthodologique, qui lui non plus n'est pas questionné dans ce livre, mais auquel l'auteur a souvent recours, l'élément authentiquement philosophique dans toute œuvre, qu'elle ressortisse à l'art, à la science ou à la pensée, est sa capacité à être développée, que Feuerbach appelait *Entwicklungsfähigkeit*. Lorsqu'on suit un tel principe, la différence entre ce qui revient à l'auteur de l'œuvre et ce qui doit être attribué à celui qui l'interprète et la développe devient aussi essentielle que difficile à saisir. L'auteur a donc préféré risquer d'attribuer à des textes appartenant à autrui ce qu'il élaborait à partir d'eux plutôt que de courir le risque inverse et s'approprier des pensées ou des parcours de recherche qui ne lui appartenaient pas.

Du reste, toute recherche en sciences humaines – et donc aussi la présente réflexion sur la méthode – devrait impliquer une prudence archéologique, consistant à reculer dans son propre parcours jusqu'au point où quelque chose est resté obscur et non thématisé. Seule une pensée qui ne cache pas son propre non-dit, mais ne cesse de le reprendre et de le développer, peut éventuellement prétendre à l'originalité.

# CHAPITRE PREMIER

# QU'EST-CE QU'UN PARADIGME ?

1. Au cours de mes recherches, il m'est arrivé d'analyser des figures – l'*homo sacer* et le musulman, l'état d'exception et le camp de concentration – qui sont assurément, quoique à des degrés divers, des phénomènes historiques positifs, mais qui étaient traités comme des paradigmes ayant pour fonction de construire et de rendre intelligible en son entier un contexte historico-problématique bien plus large. Puisque cette démarche a donné lieu à des équivoques, notamment chez ceux qui, avec plus ou moins de bonne foi, ont cru que j'entendais présenter des thèses ou des reconstructions de caractère purement historiographique, il sera opportun de s'arrêter ici sur le sens et la fonction de l'usage des paradigmes en philosophie et dans les sciences humaines.

Dans ses écrits, Michel Foucault emploie à plusieurs reprises le mot « paradigme », sans jamais toutefois le définir avec précision. Par ailleurs, tant dans l'*Archéologie du savoir*, que dans ses travaux postérieurs, il désigne les objets de ses recherches – pour les distinguer de ceux des disciplines historiques – par les termes de «positivité», «problématisation», «dispositifs», «formations discursives» et, plus généralement, «savoirs». Dans la leçon qu'il tient en mai 1978 à la Société française de philosophie, il définit ainsi ce qu'on doit entendre par «savoir»: «Le mot savoir indique toutes les procédures et tous les effets de connaissance qu'un champ spécifique est disposé à accepter à un moment donné» et, pour en montrer le rapport nécessaire avec le concept de pouvoir, il ajoute aussitôt:

> On ne peut en effet configurer un élément de savoir si, d'un côté, il n'est pas conforme à un ensemble de règles et de contraintes propres à un certain type de discours scientifique à une époque donnée et si, de l'autre, il n'est pas doté des effets de coercition typiques de ce qui est validé comme scientifique ou simplement rationnel ou communément admis (Foucault 1994, III, 54-55).

L'analogie entre ces concepts et ce que T. S. Kuhn, dans *The Structure of Scientific Revolutions* (1962), appelle «paradigme scientifique» a été déjà observée. Même si Foucault n'a pas thématisé le fonctionnement du paradigme, selon Dreyfus et Rabinow «il apparaît clairement que son travail suit une orientation qui met en œuvre ces notions […] Son travail consiste à décrire les discours comme articulations historiques d'un paradigme et sa manière de concevoir l'analyse implique qu'il isole et décrive les paradigmes sociaux et leurs applications concrètes» (Dreyfus et Rabinow, 199).

Cependant Foucault – qui déclare n'avoir lu le livre de Kuhn, ouvrage «admirable et définitif», qu'après avoir terminé *Les Mots et les choses* (Foucault 1994, II, 239-40) – ne s'y réfère presque jamais dans ses recherches et, dans l'introduction à l'édition américaine de Canguilhem (1978), il semble même prendre ses distances :

> Celle-ci (la norme) ne peut pas être identifiée à une structure théorique ou à un paradigme actuel, car la vérité scientifique d'aujourd'hui n'en est elle-même qu'un épisode, disons tout au plus le terme provisoire. Ce n'est pas en prenant appui sur une "science normale" au sens de T. S. Kuhn qu'on peut se retourner vers le passé et en tracer valablement l'histoire ; c'est en retrouvant le processus "normé", dont le savoir actuel n'est qu'un moment » (III, 436 *sq.*).

Il conviendra donc de vérifier avant tout si l'analogie entre les deux méthodes ne correspond pas plutôt à des problèmes, des stratégies et des niveaux de recherche différents et si le « paradigme » de l'archéologie foucaldienne n'est pas simplement l'homonyme de celui qui marque, selon Kuhn, l'avènement des révolutions scientifiques.

2. Kuhn reconnaît avoir employé le concept de paradigme dans deux sens différents (Kuhn, 212). Dans le premier, qu'il propose de remplacer par l'expression «matrice disciplinaire», le paradigme désigne ce que les membres d'une communauté scientifique donnée possèdent en commun, c'est-à-dire l'ensemble des techniques, des modèles et des valeurs auxquels les membres de la communauté adhèrent plus ou moins consciemment. Dans le second sens, le paradigme est un simple élément de cet ensemble – les *Principia* de Newton ou l'*Almageste* de Ptolémée – qui, en faisant fonction d'exemple commun, se substitue aux règles explicites et permet de définir une tradition de recherche spécifique et cohérente.

En développant le concept de *Denkstil* chez Ludwik Fleck, qui définit ce qui est pertinent ou non à l'intérieur d'un *Denkkollectiv*, il s'agit pour Kuhn d'examiner au moyen du paradigme ce qui rend possible la constitution d'une science normale, c'est-à-dire en mesure de déterminer les problèmes que la communauté doit considérer comme scientifiques et ceux qui ne le sont pas. Science normale ne signifie pas, en ce sens, une science régie par un système de règles précis et cohérent : au contraire, si, pour Kuhn, les règles dérivent des paradigmes, les paradigmes « peuvent déterminer les sciences normales même en l'absence de règles » (Kuhn, 70). Telle est la seconde signification du concept de paradigme, celle que Kuhn considère comme « la plus neuve » et « la plus profonde » (*ibid.*, 226) : le paradigme est simplement un exemple, un cas singulier, qui grâce à sa répétibilité, acquiert la capacité de modeler tacitement le comportement et les pratiques de recherche des savants. A l'empire de la règle comme canon de scientificité succède ainsi celui du paradigme, à la logique universelle de la loi, la logique spécifique et singulière de l'exemple. Et lorsqu'un ancien paradigme est remplacé par un nouveau, incompatible avec lui, il se produit alors ce que Kuhn appelle une révolution scientifique.

3. L'une des orientations les plus constantes de la recherche de Foucault se définit par l'abandon de l'approche traditionnelle du problème du pouvoir, fondé sur des modèles juridiques et institutionnels et sur des catégories universelles (le droit, l'Etat, la théorie de la souveraineté) en faveur d'une analyse des dispositifs concrets par lesquels le pouvoir pénètre dans les corps mêmes des sujets et gouverne leurs formes de vie. L'analogie avec les paradigmes kuhniens semble trouver

en cela une confirmation importante. De même que Kuhn met de côté l'identification et l'examen des règles qui constituent une science normale pour se concentrer sur des paradigmes qui déterminent le comportement des savants, de même Foucault remet en question le primat traditionnel des modèles juridiques de la théorie du pouvoir pour faire émerger au premier plan les multiples disciplines et les techniques politiques par lesquelles l'Etat prend en charge la vie des individus. Et lorsque Kuhn sépare la science normale du système des règles qui la définit, de la même manière Foucault distingue à plusieurs reprises la « normalisation », qui caractérise le pouvoir disciplinaire, de la systématique juridique des procédures légales.

Si la proximité entre les deux méthodes semble ne pas faire de doute, le silence de Foucault sur Kuhn et surtout le soin avec lequel, dans l'*Archéologie du savoir*, il semble éviter le terme même de paradigme apparaissent d'autant plus énigmatiques. Certes les raisons de ce silence peuvent être personnelles. Dans sa réponse à Georges Steiner, qui lui reprochait de ne pas avoir cité le nom de Kuhn, Foucault, après avoir expliqué qu'il n'avait lu le livre de Kuhn qu'après la rédaction des *Mots et les choses*, précise : « Je n'ai donc pas cité Kuhn, mais l'historien des sciences qui a façonné et inspiré sa pensée : Georges Canguilhem » (Foucault 1994, II, 240). Une telle affirmation est pour le moins surprenante, dans la mesure où Kuhn, qui reconnaît en effet dans la préface sa dette envers deux épistémologues français, Koyré et Meyerson, ne nomme jamais Canguilhem dans son livre. Puisque Foucault ne saurait avoir formulé son affirmation à la légère, il est possible – étant donné les relations étroites qui le liaient à Canguilhem – qu'il ait voulu renvoyer la politesse à Kuhn. Mais bien que Foucault ne soit pas insensible à des motivations personnelles, il est certain que les raisons de son silence ne sauraient être seulement de cet ordre.

4. Une lecture plus attentive des écrits foucaldiens montre en effet que, sans nommer l'épistémologue américain, il tient compte en plusieurs occasions de sa notion de paradigme. Ainsi, dans son entretien de 1976 avec A. Fontana et P. Pasquino, Foucault, à propos de la notion de discontinuité, oppose explicitement aux « paradigmes » les « régimes discursifs » dont il s'occupe :

> Ce n'est donc pas un changement de contenu (réfutation d'anciennes erreurs, mise au jour de nouvelles vérités), ce n'est pas non plus une altération de la forme théorique (renouvellement du paradigme, modification des ensembles systématiques) ; ce qui est en question, c'est ce qui *régit* les énoncés et la manière dont ils se *régissent* les uns les autres pour constituer un ensemble de propositions acceptables scientifiquement et susceptibles par conséquent d'être vérifiées ou infirmées par des procédures scientifiques. Problème en somme de régime, de politique de l'énoncé scientifique. A ce niveau, il s'agit de savoir non pas quel est le pouvoir qui pèse de l'extérieur sur la science, mais quels effets de pouvoir circulent entre les énoncés scientifiques ; quel est en quelque sorte leur régime intérieur de pouvoir ; comment et pourquoi à certains moments, il se modifie de façon globale » (*ibid.*, III, 143-144).

Quelques lignes plus loin, en se référant aux *Mots et les choses*, la distance entre régime discursif (phénomène proprement politique) et paradigme (critère de vérité scientifique) se voit réaffirmée :

Ce qui manquait à mon travail, c'était ce problème du régime discursif, des effets de pouvoir propre au jeu énonciatif. Je le confondais beaucoup trop avec la systématicité, la forme théorique ou quelque chose comme le paradigme (*ibid.*, p. 144).

Foucault a donc senti à un certain point, avec même trop de force, la proximité du paradigme kuhnien – mais celle-ci n'était pas tant l'effet d'une affinité réelle que le fruit d'une confusion. Ce qui a été pour lui décisif, c'est le déplacement du paradigme de l'épistémologie vers la politique, son transfert sur le plan d'une politique des énoncés et des régimes discursifs, où ce n'est plus une « transformation de la forme théorique » qui est en question, mais plutôt « le régime interne de pouvoir » qui détermine « le mode dans lequel les éléments s'agrègent entre eux pour former un ensemble ».

Une lecture de l'*Archéologie du savoir* envisagée dans cette perspective montre que déjà, en 1969, Foucault – sans pour autant le nommer explicitement – semble vouloir consciemment distinguer le thème de ses recherches des paradigmes kuhniens. Les formations discursives dont il s'occupe ne définissent pas

l'état des connaissances en un moment donné du temps : elles n'établissent pas le bilan de ce qui, dès ce moment-là, avait pu être démontré et prendre statut d'acquis définitif, le bilan de ce qui, en revanche, était accepté sans preuve ni démonstration suffisante, ou de ce qui était admis de croyance commune ou requis par la force de l'imagination. Analyser des positivités, c'est montrer selon quelles règles une pratique discursive peut former des groupes d'objets, des ensembles d'énonciations, des jeux de concepts, des séries de choix théoriques (Foucault 1969, 236-37).

Un peu plus loin, Foucault décrit quelque chose qui semble correspondre aux paradigmes kuhniens, mais qu'il préfère appeler « figures épistémologiques » ou « seuils d'épistémologisation » :

> Lorsque dans le jeu d'une formation discursive, un ensemble d'énoncés se découpe, prétend faire valoir (même sans y parvenir) des normes de vérification et de cohérence et qu'il exerce, à l'égard du savoir, une fonction dominante (de modèle, de critique ou de vérification), on dira que la formation discursive franchit un *seuil d'épistémologisation*. Lorsque la figure épistémologique ainsi dessinée obéit à un certain nombre de critères formels [...] (*ibid.*, 243-44).

Le changement terminologique n'est pas seulement formel : d'une manière tout à fait cohérente avec les prémisses de l'*Archéologie*, Foucault détourne l'attention des critères qui permettent la constitution d'une science normale eu égard à des sujets (les membres d'une communauté scientifique) vers la pure présence d'« ensemble d'énoncés » et de « figures », indépendamment de toute référence à des sujets (« un ensemble d'énoncés se découpe », « la figure ainsi dessinée »). Et quand, à propos des divers types d'histoire des sciences, il définit son propre concept d'épistémè, il ne s'agit pas, encore une fois, de caractériser quelque chose comme une vision du monde ou une structure de pensée qui impose à des sujets des normes et des postulats communs. L'épistémè, c'est plutôt « l'ensemble des relations pouvant unir, à une époque donnée, les pratiques discursives qui donnent lieu à des figures épistémologiques, à des sciences, éventuellement à des systèmes formalisés » (*ibid.*, 250). Elle ne définit pas, comme le paradigme kuhnien, ce que l'on peut savoir à une certaine époque, mais ce qui est implicite dans le fait même de l'existence de tel discours ou de telle figure épistémologique : « dans l'énigme du discours scientifique, ce qu'elle met en jeu, ce n'est pas son droit à être une science, c'est le fait qu'il existe » (*ibid.*, 251).

*L'Archéologie du savoir* a été lue comme un manifeste du discontinuisme historiographique. Que cette définition – plusieurs fois contestée par Foucault – soit exacte ou non, il est certain que, dans son livre, il semble s'intéresser surtout à ce qui permet de constituer, malgré tout, des contextes et des ensembles, à l'existence positive de « figures » et de séries. Cependant ces contextes sont produits selon un modèle épisté-mologique bien particulier, qui ne coïncide ni avec ceux qui sont communément admis dans la recherche historique, ni avec les paradigmes kuhniens, et qu'il va s'agir maintenant d'identifier.

5. Soit le panoptisme, comme Foucault l'analyse dans la troisième partie de *Surveiller et punir*. Il s'agit, avant tout, d'un phénomène historique singulier, le *panopticon*, modèle architectonique que Jérémie Bentham publie à Dublin en 1791 sous le titre *Panopticon, or The Inspection-house, containing the idea of a new principle of construction, applicable to any sort of establishment, in which persons of any description are to be kept under inspection...* Foucault en rappelle les caractères essentiels :

> à la périphérie un bâtiment en anneau; au centre, une tour; celle-ci est percée de larges fenêtres qui ouvrent sur la face intérieure de l'anneau; le bâtiment périphérique est divisé en cellules, dont chacune traverse toute l'épaisseur du bâtiment; elles ont deux fenêtres, l'une vers l'intérieur correspondant aux fenêtres de la tour; l'autre, donnant sur l'extérieur, permet à la

lumière de traverser la cellule de part en part. Il suffit alors de placer un surveillant dans la tour centrale, et dans chaque cellule d'enfermer un fou, un malade, un condamné, un ouvrier ou un écolier. Par l'effet du contre-jour, on peut saisir de la tour, se découpant exactement sur la lumière, les petites silhouettes captives dans les cellules de la périphérie. Autant de cages, autant de petits théâtres. » (Foucault 1975, 201).

Mais le *Panopticon* est, en même temps, un « modèle généralisable de fonctionnement » (*ibid.*, 206), « panoptisme », donc, c'est-à-dire « principe d'un ensemble » et « modalité panoptique du pouvoir » (*ibid.*, 223). Comme tel il est une « figure de technologie politique qu'on peut et qu'on doit détacher de tout usage spécifique » (*ibid.*, 207), il n'est pas un « édifice onirique », mais « c'est le diagramme d'un mécanisme de pouvoir ramené à sa forme idéale » (*ibid.*). Il fonctionne en somme, comme un paradigme au sens propre : un objet singulier qui, en valant pour tous les autres de la même classe, définit l'intelligibilité de l'ensemble dont il fait partie et qu'en même temps il constitue. Le lecteur de *Surveiller et punir* n'ignore pas que, situé à la fin de la section sur la discipline, le *Panopticon* joue un rôle stratégique décisif pour la compréhension de la modalité disciplinaire du pouvoir et devient en quelque sorte la figure épistémologique qui, en définissant l'univers disciplinaire de la modernité, marque en même temps le seuil par lequel il bascule dans les sociétés de contrôle.

Il ne s'agit pas là, dans l'œuvre de Foucault, d'un cas isolé ; au contraire, on peut dire que le paradigme définit, en ce sens, la méthode foucaldienne dans son geste le plus caractéristique. Le grand enfermement, la confession, l'enquête, l'examen, le souci de soi : autant de phénomènes historiques singuliers qui sont traités – et ceci constitue la spécificité de la recherche de Foucault en ce qui concerne l'historiographie – comme paradigmes déterminant un plus vaste contexte problématique que, du même coup, ils constituent et rendent intelligible.

On a observé que Foucault a démontré la pertinence des contextes produits par des champs métaphoriques au regard des champs définis par des césures purement chronologiques (Milo, 236). Poursuivant une orientation déjà présente dans des œuvres comme *Les Rois thaumaturges* de Marc Bloch, *Les Deux corps du roi* de Kantorowicz ou *Le Problème de l'incroyance au XVIe siècle* de Lucien Febvre, Foucault aurait affranchi l'historiographie de la prééminence exclusive des contextes métonymiques (le XVIIIe siècle, la France méridionale) pour donner le primat aux contextes métaphoriques. Observation correcte à condition de préciser que, du moins pour Foucault, ce n'est pas de métaphores qu'il s'agit, mais de paradigmes dans le sens que l'on a vu, et qui n'obéissent pas à la logique du transfert métaphorique d'un signifié, mais au modèle analogique de l'exemple. Nous n'avons pas affaire ici à un signifiant élargi pour désigner des phénomènes hétérogènes en vertu d'une même structure sémantique ; plus semblable à l'allégorie qu'à la métaphore, le paradigme est un cas singulier qui n'est isolé du contexte dont il fait partie que dans la mesure où, en présentant sa propre singularité, il rend intelligible un nouvel ensemble dont il constitue lui-même l'homogénéité. Prendre un exemple est donc un acte complexe, qui suppose que le terme qui fait fonction de paradigme soit désactivé de son usage normal, non pour être déplacé dans un autre domaine, mais au contraire pour montrer le canon de cet usage, qu'il n'est pas possible de présenter d'une autre manière.

Festus nous informe que les Latins distinguaient *exemplar* et *exemplum* : le premier, que l'on considère avec les sens (*oculis conspicitur*), indique ce que nous devons imiter (*exemplar est quod simile faciamus*) ; le second exige en revanche une évaluation plus complexe (pas seulement sensible : *animo aestimatur*) et revêt une signification surtout morale et intellectuelle. Le paradigme foucaldien unit ces deux notions : non seulement exemplaire et modèle, qui impose la constitution d'une science normale, mais aussi et surtout *exemplum*, qui permet de rassembler des énoncés et des pratiques discursives dans un nouvel ensemble intelligible et dans un nouveau contexte problématique.

6. Le *locus classicus* d'une épistémologie de l'exemple se trouve dans les *Analytica priora*. Aristote distingue ici le procédé par paradigmes de l'induction et de la déduction. « Il est clair, écrit-il, que le paradigme ne fonctionne pas comme une partie par rapport au tout (*hōs méros pros hólon*), ni comme un tout par rapport à la partie (*hōs hólon pros méros*), mais comme partie par rapport à la partie *(hōs méros pros méros)*, si les deux sont sous le même genre et que l'un est plus connu que l'autre » (*Analytica Priora*, 69 a 13-14). Tandis que l'induction procède du particulier à l'universel et la déduction de l'universel au particulier, ce qui définit le paradigme est une troisième espèce de mouvement, paradoxale, qui va du particulier au particulier. L'exemple constitue une forme spécifique de connaissance qui ne procède pas en articulant universel et particulier, mais semble demeurer sur le plan de celui-ci. Le traitement aristotélicien du paradigme ne va pas au-delà de ces observations générales et par la suite le statut d'une connaissance qui demeure dans le particulier ne sera pas interrogé.

Non seulement Aristote semble retenir que le genre commun préexiste aux particuliers, mais le statut de « plus grande connaissabilité » (*gnōrimṓteron*) qui est du ressort de l'exemple reste indéfini.

Le statut épistémologique du paradigme ne devient clair que si, en radicalisant la thèse d'Aristote, on comprend qu'il remet en question l'opposition dichotomique entre le particulier et l'universel que nous sommes habitués à tenir pour inséparable des procédures cognitives et qu'il nous présente une singularité qui ne se laisse pas réduire à aucun des deux termes de la dichotomie. Le régime de son discours n'est pas la logique, mais l'analogie, dont Enzo Melandri, dans un livre désormais classique, a reconstruit la théorie. L'analogon, qu'il produit, n'est ni particulier ni général. D'où sa valeur spécifique qu'il s'agit de saisir.

7. Dans *La linea e il circolo [La Ligne et le cercle]*, Melandri a montré que l'analogie s'oppose au principe dichotomique qui domine la logique occidentale. Contre l'alternative « ou bien A ou bien B », qui exclut un troisième terme, elle fait valoir à chaque fois son *tertium datur*, son obstiné « ni A ni B ». L'analogie intervient donc dans les dichotomies logiques (particulier / universel ; forme / contenu ; légalité / exemplarité etc.), non pour les combiner dans une synthèse supérieure, mais pour les transformer dans un champ de forces parcourues par des tensions polaires, dans lesquelles, exactement comme dans un champ électro-magnétique, elles perdent leur identité substantielle. Mais en quel sens et de quelle manière apparaît ici un tiers ? Certainement pas comme un terme homogène aux deux premiers, dont l'identité pourrait à son tour être définie par une logique binaire. C'est seulement du point de vue de la

dichotomie que l'analogue (ou le paradigme), peut apparaître comme un *tertium comparationis*. Le tiers analogique s'atteste ici avant tout par la désidentification et la neutralisation des deux premiers qui deviennent alors indiscernables. Le tiers est cette indiscernabilité, et si l'on tente de le saisir au moyen de césures bivalentes, l'on se heurtera nécessairement à un indécidable. En ce sens, il est impossible, dans un exemple, de séparer clairement sa paradigmaticité, sa capacité à valoir pour tous, du fait qu'il est un cas particulier parmi d'autres. Comme dans un champ magnétique, nous n'avons pas affaire à des grandeurs extensives et scalaires, mais à des intensités vectorielles.

8. Le rapport paradoxal du paradigme à la généralité n'est peut-être nulle part exprimé avec autant de force que dans ce passage de la *Critique du Jugement*, où Kant pense la nécessité du jugement esthétique sous la forme d'un exemple dont il est impossible de donner la règle :

> Cette nécessité, écrit-il, est d'une espèce particulière : ce n'est pas une nécessité théorique objective, où l'on peut penser *a priori* que chacun éprouvera assurément ce plaisir devant l'objet que j'appelle beau ; ce n'est pas non plus une nécessité pratique, où ce plaisir est la conséquence nécessaire d'un pur vouloir rationnel, qui fait fonction de règle pour un être agissant librement, et qui ne signifie rien d'autre que l'on doit absolument agir de cette manière précise. Comme nécessité qui est pensée dans un jugement esthétique, elle ne peut être définie que sous forme d'exemple (*exemplarisch*), c'est-à-dire comme la nécessité du consentement de tous à un jugement, qui peut être vu comme l'exemple (*Beispiel*) d'une règle générale, qui ne saurait être énoncée (*angeben*) » (Kant, 1974 a, 155-56).

Comme le jugement esthétique selon Kant, le paradigme présuppose en réalité l'impossibilité de la règle ; mais si celle-ci fait défaut ou est informulable, d'où l'exemple pourra-t-il tirer sa valeur de preuve ? Et comment est-il possible de fournir les exemples d'une règle inassignable ?

L'aporie ne se résout que si l'on comprend que le paradigme implique l'abandon sans réserve du couple particulier-général comme modèle d'inférence logique. La règle (si l'on peut encore ici parler de règle) n'est pas une généralité qui préexiste aux cas singuliers et s'applique à eux, ni quelque chose qui résulte de l'énumération exhaustive des cas particuliers. Ou plutôt, le seul fait de montrer le cas paradigmatique constitue une règle qui, comme telle, ne peut être ni appliquée ni énoncée.

9. Ceux qui connaissent bien l'histoire des ordres monastiques savent qu'au moins dans les premiers siècles, il est difficile de comprendre le statut de ce que les documents appellent la « règle ». Dans ses attestations les plus anciennes, le mot « règle » signifie simplement *conversatio fratrum*, le mode de vie des moines d'un monastère donné. Elle s'identifie souvent avec le mode de vie du fondateur, considéré comme *forma vitae*, c'est-à-dire comme exemple à suivre ; et la vie du fondateur était à son tour la suite logique de la vie de Jésus telle qu'elle est racontée dans les Evangiles. Avec le développement progressif des ordres monastiques et la nécessité croissante d'un contrôle de la part de la curie romaine, le terme *regula* prend peu à peu le sens d'un texte écrit, conservé dans le monastère et destiné à être lu au préalable par celui qui, en embrassant la vie monastique, accepte de se soumettre aux prescriptions et aux interdits qu'il contient. Mais, au moins

jusqu'à saint Benoît, la règle n'est pas une norme générale, mais seulement la communauté de vie (la cénobie, *koinós bíos*) qui résulte d'un exemple et où la vie de chaque moine tend, à la limite, à devenir paradigmatique, à se constituer comme *forma vitae*.

Cela signifie qu'en unissant les considérations d'Aristote et celles de Kant, nous pouvons dire que le paradigme implique un mouvement qui va de la singularité à la singularité et qui, sans sortir de celle-ci, transforme tout cas singulier en exemple d'une règle générale qu'il n'est jamais possible de formuler *a priori*.

10. En 1947, Victor Goldschmidt – auteur que visiblement Foucault connaissait et appréciait – publie *Le Paradigme dans la dialectique platonicienne*. Comme souvent dans les écrits de ce génial historien de la philosophie, l'examen d'un problème en apparence marginal – l'usage de l'exemple dans les dialogues platoniciens – projette une nouvelle lumière sur toute la pensée de Platon, et, notamment, sur le rapport entre les idées et le sensible dont le paradigme se révèle être l'expression technique. Déjà Rodier avait remarqué que, dans les dialogues, parfois les idées fonctionnent en tant que paradigmes pour les choses sensibles, mais que d'autres fois, ce sont les choses sensibles qui se présentent comme paradigmes des idées. Si, dans l'*Euthyphron*, l'idée de la piété est, en se sens, ce qui est employé comme paradigme pour la compréhension des êtres sensibles correspondants, dans le *Politique*, au contraire, c'est un paradigme sensible – le tissage – qui mène à la compréhension des idées. Pour expliquer comment un exemple peut produire de la connaissance, Platon introduit ici comme « paradigme pour le paradigme » l'exemple des

syllabes que les enfants parviennent à reconnaître dans des mots différents.

> On produit un paradigme quand un élément, qui se trouve dans un autre et séparé (*diespasménōi*, mais le terme grec signifie "déchiré, lacéré"), est correctement jugé et reconnu comme le même, et, que rapproché de lui, il suscite une opinion unique et vraie sur chacun des éléments comme sur les deux ensemble (278 c).

Commentant cette définition, Goldschmidt montre qu'il semble y avoir ici une structure paradoxale, à la fois sensible et mentale, qu'il appelle « forme-élément » (Goldschmidt 1947, 53). En d'autres termes, le paradigme, tout en étant un phénomène singulier sensible, contient en quelque sorte l'*éidos*, la forme même qu'il s'agit de définir. Il est donc non pas un simple élément sensible présent dans deux lieux différents, mais quelque chose comme un rapport entre le sensible et le mental, l'élément et la forme (« l'élément paradigmatique est lui-même un rapport » – *ibid.*, 77). De même que, dans la réminiscence – que Platon utilise souvent comme paradigme de la connaissance – un phénomène sensible est mis dans une relation non-sensible avec lui-même et, de cette manière, est re-connu dans l'autre, de même, dans le paradigme, il ne s'agit pas simplement de constater une certaine ressemblance sensible, mais de la susciter par une opération. Le paradigme n'est jamais donné, mais s'engendre et se produit (*paradeíg-matos ... génesis* – 278 c 4; *paradeígmata ... gignómena* – 278 b 5) au moyen d'un « placer à côté », un « joindre ensemble » et, surtout, un « montrer » et un « exposer » (*parabállontas ... paratithémena ... endeíknynai ... deichthḗi ... deichthénta, ibid.*). La relation paradigmatique ne s'établit donc pas simplement entre les objets sensibles singuliers, ni entre ceux-ci et une règle générale, mais d'abord entre la singularité (qui devient ainsi paradigme) et son exposition (c'est-à-dire son intelligibilité).

11. Soit le cas, relativement simple, de l'exemple grammatical. La grammaire ne se constitue et ne peut énoncer ses règles qu'au moyen d'une pratique paradigmatique, par la présentation d'exemples linguistiques. Mais quel est l'usage de la langue qui définit la pratique grammaticale ? Comment produit-on un exemple grammatical ? Prenons le cas des paradigmes qui, dans les grammaires latines, rendent compte de la déclinaison du substantif. Le terme *rosa*, par sa présentation paradigmatique (*rosa, ros-ae, ros-a, ros-am …*), est suspendu de son usage normal et de son caractère dénotatif et rend ainsi possible la constitution et l'intelligibilité de l'ensemble « nom féminin de la 1re déclinaison », dont il est, à la fois, membre et paradigme. La suspension de la référence et de l'usage normal est ici essentielle. Si, pour expliquer la règle qui définit la classe des performatifs, le linguiste énonce l'exemple « je jure », il est clair que ce syntagme ne doit pas être entendu comme l'énoncé d'un serment réel. Pour valoir comme exemple, le syntagme doit donc être suspendu de sa fonction normale et, cependant, c'est justement par ce non-fonctionnement et cette suspension qu'il peut montrer comment fonctionne le syntagme, qu'il peut permettre la formulation de la règle. Si l'on se demande maintenant si la règle s'applique à l'exemple, la réponse n'est pas facile : l'exemple est en effet exclu de la règle non parce qu'il ne ferait pas partie du cas normal, mais au contraire parce qu'il manifeste son appartenance à ce cas. En ce sens, l'exemple est l'inverse symétrique

de l'exception : tandis que celle-ci est incluse de par son exclusion, l'exemple est exclu de par la présentation de son inclusion. Mais ainsi, selon le sens étymologique du terme grec, il montre à côté de lui (*para-déiknymi*) son intelligibilité et, en même temps, celle de la classe qu'il constitue.

12. Chez Platon, le paradigme a sa place dans la dialectique qui, en articulant la relation entre l'ordre intelligible et l'ordre sensible, rend possible la connaissance. « La relation entre ces deux ordres, écrit Goldschmidt, peut se concevoir de deux manières : comme un rapport de ressemblance (entre copie et modèle) ou comme un rapport de proportion » (Goldschmidt 1947, 84). A chacune de ces conceptions correspond, selon Goldschmidt, un procédé dialectique particulier : à la première, la réminiscence (que Platon définit dans le *Ménon* et dans le *Théétète*), à la seconde le paradigme, dont il est question surtout dans le *Sophiste* et le *Politique*. C'est le sens et la fonction spécifique du paradigme dans la dialectique qu'il s'agit maintenant de comprendre en poursuivant les analyses de Goldschmidt. Tout le développement difficile sur la méthode dialectique au Livre VI de la *République* (509 d-511 e) devient transparent si on l'entend comme un exposé de la méthode paradigmatique. Dans la production de la science, Platon distingue ici deux stades ou moments, représentés comme deux segments continus sur une ligne droite. Le premier, qui définit le procédé « de la géométrie, du calcul et de ceux qui pratiquent les sciences de ce genre », fonde ses recherches à partir d'hypothèses, c'est-à-dire en présupposant (selon le sens du terme grec *hypóthesis*, du verbe *hypotíthemi*, je place en dessous comme base) des données qui sont traitées comme des principes connus, dont il n'est pas nécessaire de

rendre compte de leur évidence. Le second, en revanche, qui est le moment propre de la dialectique,

> traite les hypothèses non comme des principes (*archái*), mais réellement comme des hypothèses, c'est-à-dire comme degrés et tremplins pour s'élever jusqu'au non présupposé (*anypótheton*), vers le principe de tout et, une fois celui-ci atteint, descendre jusqu'à la conclusion, en s'attachant à toutes les conséquences qui en dépendent, sans jamais recourir au sensible, mais aux seules idées au moyen des idées, en direction des idées et en aboutissant aux idées (511 b 2 – c 1).

Que signifie traiter les hypothèses (les présupposés) comme hypothèses et non comme principes ? Qu'est-ce qu'une hypothèse non pré-supposée, mais exposée comme telle ? Si l'on se rappelle que la cognoscibilité du paradigme n'est jamais présupposée, mais qu'au contraire, sa prestation spécifique consiste à suspendre et à désactiver son caractère de donné empirique pour présenter seulement une intelligibilité, dès lors, traiter les hypothèses comme hypothèses signifiera les traiter comme paradigmes.

Ici l'aporie observée tant par Aristote que par les modernes, selon laquelle dans l'œuvre de Platon l'idée est paradigme du sensible et le sensible paradigme des idées, trouve sa solution. L'idée n'est pas un autre élément présupposé au sensible et ne coïncide pas non plus avec celui-ci : elle est le sensible considéré comme paradigme, c'est-à-dire dans le milieu de sa propre intelligibilité. Pour cette raison Platon peut affirmer que la dialectique aussi, comme les techniques, part d'une hypothèse (*ex hypothéseos ioúsa*, 510 b 9), mais qu'à la différence de celles-ci, elle prend les hypothèses comme hypothèses et non comme principes, c'est-à-dire qu'elle les emploie comme paradigmes. Le non-hypothétique, auquel accède la dialectique, est ouvert avant tout par l'usage paradigmatique du sensible. C'est en ce sens qu'il faut entendre le passage qui suit juste après où la méthode dialectique est définie par le geste de « lever les hypothèses » (« seule la méthode dialectique, en levant les hypothèses – *tas hypothéseis anairoúsa* – rejoint le principe lui-même » : 533 c 6). Le verbe *anairéō*, comme son correspondant latin *tollere* (et l'allemand *aufheben*, que Hegel, en s'en inspirant, plaçait au centre de sa dialectique) signifie aussi bien « prendre, saisir » que « lever, éliminer » ; or comme nous l'avons vu, ce qui fait fonction de paradigme est soustrait à son usage normal et, en même temps, exposé comme tel. Le non-hypothétique est ce qui se révèle au moment où on « lève » – c'est-à-dire où l'on saisit et élimine en même temps – les hypothèses. L'intelligibilité dans laquelle se meut la dialectique au cours de sa « descente vers la conclusion », est l'intelligibilité paradigmatique du sensible.

13. C'est seulement dans la perspective de la méthode paradigmatique que le cercle herméneutique qui définit le procédé cognitif des sciences humaines acquiert son sens propre. Avant Schleiermacher, Friedrich Ast avait déjà observé que, dans les sciences philologiques, la connaissance du phénomène singulier présuppose la connaissance de l'ensemble et, inversement, la connaissance de l'ensemble celle des phénomènes singuliers. En fondant, dans *Etre et temps*, ce cercle herméneutique dans la pré-compréhension comme structure anticipatrice existentiale du *Dasein*, Heidegger avait tiré les sciences humaines de l'embarras, en garantissant même le caractère « plus original » de leur savoir. Dès lors, le

mot selon lequel « l'important n'est pas de sortir du cercle, mais d'y entrer d'une façon juste » (Heidegger, 153) est devenue la formule magique qui permettait au chercheur de rendre vertueux le cercle vicieux.

La garantie était cependant moins rassurante qu'il paraissait à première vue. Si l'activité de l'interprète est toujours déjà anticipée par une précompréhension qui lui échappe, que signifie « entrer dans le cercle de façon juste » ? Heidegger avait suggéré qu'il s'agit de ne jamais se laisser imposer (*vorgeben*) la précompréhension « du cas et de l'opinion commune », mais de « l'élaborer à partir des choses mêmes » (*ibid.*, 153). Mais cela peut seulement signifier – et le cercle semble ainsi devenir encore plus « vicieux » – que le chercheur doit être en mesure de reconnaître dans les phénomènes la signature d'une précompréhension qui dépend de leur structure existentiale même.

L'aporie se résout si l'on considère que le cercle herméneutique est en réalité un cercle paradigmatique. Il n'y a pas, comme chez Ast et Schleiermacher, de dualité entre « phénomène singulier » et « ensemble » : l'ensemble ne résulte que de l'exposition paradigmatique des cas singuliers. Et il n'y a pas, comme chez Heidegger, circularité entre un « avant » et un « après », pré-compréhesion et interprétation : dans le paradigme, l'intelligibilité ne précède pas le phénomène, mais elle est, pour ainsi dire, à côté (*para*) de lui. Selon la définition aristotélicienne, le geste paradigmatique ne va pas du particulier à l'universel et de l'universel au particulier, mais du singulier au singulier. Le phénomène, exposé dans le milieu de sa connaissabilité, montre l'ensemble dont il est le paradigme. Et celui-ci, par rapport au phénomène, n'est pas un présupposé (une « hypothèse ») : comme « principe non présupposé », il n'est ni dans le passé ni dans le présent, mais dans leur constellation exemplaire.

14. Entre 1924 et 1929, Aby Warburg travaille à son « atlas en images » qui devait s'appeler Mnémosyne. Il s'agit, comme on sait, d'un ensemble de panneaux sur chacun desquels est épinglée une série hétérogène d'images (reproductions d'œuvres d'art ou de manuscrits, photographies découpées dans la presse ou prises par Warburg lui-même etc.) qui se réfèrent souvent à un thème unique qu'il définissait sous le terme de *Pathosformel*. Soit le panneau 46, consacré à la *Pathosformel* « Nymphe », figure féminine en mouvement qui apparaît dans la fresque de Ghirlandaio dans la chapelle Tornabuoni et que Warburg surnommait familièrement *Fraulein Schnellbring*, « Mademoiselle Apportevite ». Le panneau est constitué de 27 images, dont chacune est d'une façon ou d'une autre en relation au thème qui donne son nom à l'ensemble. Outre la fresque de Ghirlandaio, on reconnaît un bas-relief romain en ivoire, une sibylle de la cathédrale de Sessa Aurunca, des miniatures d'un manuscrit florentin du XVIe siècle, un détail d'une fresque de Botticelli, la naissance de Jean-Baptiste et le médaillon avec la Vierge de Filippo Lippi, la photographie d'une paysanne de Settignano prise par Warburg lui-même etc. Comment devons-nous lire ce panneau ? Quelle est la relation qui unit en un même ensemble chacune de ces images ? En d'autres termes, où est la nymphe ?

Une manière certainement erronée de lire le panneau consisterait à voir en lui une sorte de répertoire iconographique, où il serait question de l'origine et de l'histoire du thème iconographique que Warburg a nommé « figure féminine en mouvement ». Il s'agirait donc de placer dans la

mesure du possible chaque image dans un ordre chronologique, suivant la probable relation génétique qui, les liant les
unes aux autres, pourrait permettre à la fin de remonter à
l'archétype, à la « formule de pathos » d'où elles sont toutes
issues. Une lecture un peu plus attentive du panneau montre
qu'aucune des images n'est l'originale, ni n'est simplement
une copie ou une répétition. De même que, dans la composi-
tion par formules » que Milman Parry avait reconnu à la base
des poèmes homériques et, plus généralement, de toute com-
position orale, il est impossible d'établir une distinction entre
création et performance, entre original et exécution, de même
les *Pathosformeln* warburghiennes sont des hybrides d'archétype et de phénomène, d'apparition première et de répétition.
Chaque photographie est l'originale, chaque image constitue
l'*arché* et est, en ce sens, « archaïque »; mais la nymphe elle-
même n'est ni archaïque ni contemporaine, elle est un indécidable de diachronie et de synchronie, d'unicité et de multiplicité. Cela signifie que la nymphe est le paradigme dont les
nymphes singulières sont les exemplaires ou que, plus exactement, selon l'ambiguïté constitutive de la dialectique platonicienne, la nymphe est le paradigme des images singulières et
les images singulières les paradigmes de la nymphe.

La nymphe est donc un *Urphänomen*, un « phénomène
originaire » au sens de Goethe. Ce terme technique essentiel
des enquêtes goethéennes sur la nature, de la *Théorie des
couleurs* à la *Métamorphose des plantes*, qui n'est jamais
défini clairement par l'auteur, ne devient intelligible que si
– en poursuivant une suggestion d'Elizabeth Rotten, qui en
faisait remonter l'origine à Platon – on l'entend dans un sens
résolument paradigmatique. Goethe oppose plusieurs fois sa
méthode à celle qui procède par « cas particuliers et rubriques

générales, opinions et hypothèses » (Goethe, II, 691). Dans
son essai sur *L'expérimentation comme médiation entre le
sujet et l'objet*, il propose ainsi un « modèle d'expérience
d'espèce supérieure », où l'unification des phénomènes singuliers ne se produit pas « de manière hypothétique et sous forme
systématique » (*ibid.*, I, 852), mais où chaque phénomène « se
trouve en relation avec une infinité d'autres, comme lorsque
nous disons d'un point lumineux oscillant librement, qu'il
envoie ses rayons dans toutes les directions » (*ibid.*, 851-52).
La manière dont doit s'entendre cette relation singulière entre
les phénomènes est précisée quelques lignes plus loin, dans un
passage où la nature paradigmatique du procédé est affirmée
au-delà de toute incertitude : « Une expérience semblable, qui
procède de beaucoup d'autres, est évidemment d'une espèce
supérieure. Elle représente la formule dans laquelle d'innom-
brables exemples singuliers trouvent leur expression » (*ibid.*).
« Tout existant » renchérit un autre fragment « est l'analogon
de tout existant ; c'est pourquoi l'existence nous apparaît en
même temps toujours séparée et unifiée. Si l'on exagère
l'analogie, tout devient identique ; si on l'évite, tout se divise à
l'infini » (*ibid.*, II, 706). L'*Urphänomen* comme paradigme
est, en ce sens, le lieu où l'analogie vit en parfait équilibre au-
delà de l'opposition entre généralité et particularité. Aussi, du
« phénomène pur », Goethe écrit-il qu'il « ne peut jamais être
isolé, mais se montre à travers une série continuelle d'appari-
tions » (*ibid.*, 871) ; et, dans les *Maximes et réflexions,* il en
résume la nature dans une définition qui pourrait valoir au
même titre pour le paradigme : « Le phénomène originaire :
idéel en tant qu'à la limite du connaissable / réel en tant
que connu / symbolique – car il comprend tous les cas particuliers / : identique – dans tous les cas » (*ibid.*, 693). Bien qu'il

ne passe jamais dans la généralité d'une hypothèse ou d'une loi, l'*Urphänomen* est cependant connaissable ; il est même dans chaque phénomène, le dernier élément connaissable, sa capacité de se construire en paradigme. C'est pourquoi un célèbre *dictum* goethéen affirme qu'il ne faut pas chercher au-delà des phénomènes : en tant que paradigmes, « ils sont la théorie ».

15. Essayons maintenant de fixer sous forme de thèses quelques uns des traits qui, selon notre analyse, définissent le paradigme :

1) Le paradigme est une forme de connaissance ni inductive ni déductive, mais analogique, qui procède de singularité en singularité.

2) En neutralisant la dichotomie entre le général et le particulier, il substitue à la logique dichotomique un modèle analogique bipolaire.

3) Le cas paradigmatique devient tel en suspendant et, en même temps, en exposant son appartenance à l'ensemble, de sorte qu'il n'est jamais possible de séparer en lui exemplarité et singularité.

4) L'ensemble paradigmatique n'est jamais présupposé aux paradigmes, mais leur reste immanent.

5) Il n'y a pas, dans le paradigme, une origine ou une *arché* : tout phénomène est l'origine, toute image est archaïque.

6) L'historicité du paradigme ne réside ni dans la diachronie ni dans la synchronie, mais dans un croisement entre les deux.

Je pense que maintenant l'on comprend clairement ce que signifie, dans mon cas comme dans celui de Foucault, travailler par paradigmes. L'*homo sacer* et le camp de concentration, le « musulman » et l'état d'exception – comme plus récemment l'*oikonomia* trinitaire et les acclamations – ne sont pas des hypothèses par lesquelles j'entendais expliquer la modernité, en la ramenant à quelque chose comme une cause ou une origine historique. Au contraire, comme leur multiplicité même aurait pu le laisser entendre, il s'agissait chaque fois de paradigmes ; et leur objectif était de rendre intelligible une série de phénomènes, dont la parenté avait échappé ou pouvait échapper au regard de l'historien. Certes mes recherches, comme celles de Foucault, ont un caractère archéologique et les phénomènes avec lesquels elles ont affaire se déroulent dans le temps et impliquent dès lors une attention aux documents et à la diachronie qui ne peut pas ne pas suivre les lois de la philologie historique ; mais l'*arché* qu'elles rejoignent – et cela vaut peut-être pour toute recherche – n'est pas une origine présupposée dans le temps, mais, en se situant au carrefour entre diachronie et synchronie, rend intelligible autant le présent du chercheur que le passé de son objet. L'archéologie est, en ce sens, toujours une paradigmatologie et ce qui définit le rang du chercheur, c'est tout autant la capacité de reconnaître et d'articuler des paradigmes que son habileté à examiner les documents d'archives. En effet, du paradigme dépend, en dernière analyse, la possibilité de produire, à l'intérieur d'une archive chronologique en soi inerte, ces *plans de clivage** (comme les appellent les épistémologues français) qui seuls permettent de les rendre lisibles.

---

* Les mots ou expressions en italiques suivis d'un astérisque sont écrits en

Enfin si l'on me demande si la paradigmaticité réside dans les choses ou dans l'esprit du chercheur, je répondrai que cette question n'a pas de sens. L'intelligibilité qui est en cause dans le paradigme a un caractère ontologique, elle ne se réfère pas au rapport cognitif entre un sujet et un objet, mais à l'être. Il y a une ontologie paradigmatique. Et je n'en connais pas meilleure définition que celle qui est contenue dans un poème de Wallace Stevens qui porte le titre *Description without place* :

> It is possible that to seem – it is to be,
> As the sun is something seeming and it is.
> The sun is an example. What it seems
> It is and in such seeming all things are.
>
> Il est possible que sembler, ce soit être,
> Comme le soleil, qui est quelque chose qui semble, et qui est.
> Le soleil est un exemple. Ce qu'il semble
> Il l'est et dans une telle semblance sont toutes choses.

français dans le texte.

# CHAPITRE II

## THÉORIE DES SIGNATURES

1. Le neuvième livre du traité de Paracelse *Sur la nature des choses* s'intitule *De Signatura rerum naturalium* (*De la signature des choses naturelles*). L'idée que toutes les choses portent un signe qui manifeste et révèle leurs qualités invisibles est le noyau original de l'épistémè paracelsienne. « Rien n'est sans signe (*nichts ist on ein Zeichen*) » écrit-il dans *Von den naturlichen Dingen* « puisque la nature ne laisse rien sortir de soi, où elle n'ait signé ce qui s'y trouve » (Paracelse, III, 7, 131). « Il n'est rien d'extérieur qui ne soit une annonce de l'intérieur », affirme le *Liber de podagricis*, et c'est par les signes que l'homme peut connaître ce qui a été marqué en chaque chose (*ibid.*, II, 4, 259). Et si, en ce sens, « toutes les choses, les plantes, les semences, les pierres, les racines révèlent dans leurs qualités, leurs formes, leurs figures (*Gestalt*) ce qui est en elles », « si elles sont toutes connues par leur *signatum* », alors, « la signature est la science par laquelle on trouve tout ce qui est caché et, sans cet art, on ne peut rien faire de profond » (*ibid.*, III, 7, 133). Cependant cette science, comme

tout savoir, est une conséquence du péché, parce que, dans le jardin d'Eden, Adam était absolument « non-marqué » (*unbezeichnet*) ; et il serait resté tel s'il n'était pas « tombé dans la nature », qui ne laisse rien de « non-marqué ».

C'est sur ces présupposés que le traité *De signatura rerum naturalium* peut entrer d'emblée dans le cœur du problème et interroger la nature et le nombre des « marqueurs (*signatores*) ». Le terme *signatura* n'est plus ici le nom d'une science, mais l'acte même et l'effet de marquer : « Si, dans ce livre, il s'agit de philosopher *de signatura rerum*, il sera d'abord particulièrement utile et opportun de préciser d'où viennent les *signata*, qui est leur *signator* et combien il y en a » (*ibid.*, III, 6, 329). Selon Paracelse, les *signatores* sont au nombre de trois : l'homme, l'Archée (*Archeus*) et les étoiles (*Astra*). Les signes des astres, qui rendent possibles les prophéties et les présages, manifestent « la force et la vertu surnaturelle » (*übernaturliche Krafft und Tugend*) des choses : ce sont d'elles que s'occupent les sciences divinatoires comme la géomancie, la chiromancie, la physiognomonie, l'hydromancie, la pyromancie, la nécromancie et l'astronomie. Les monstres, comme les hermaphrodites et les androgynes, dont s'occupe la divination, ne sont qu'un signe imprimé par les ascendants célestes ; et selon Paracelse ce ne sont pas seulement les astres dans le ciel, mais aussi « les étoiles dans l'homme », qui « à tout instant, avec ses rêveries et les produits de son imagination, se lèvent et se couchent dans son âme comme celles du firmament supérieur » (*ibid.*, 333), et peuvent laisser leur signe sur le corps, comme il arrive chez les femmes enceintes, dont les rêveries dessinent sur la chair du foetus ses *monstrosische Zeichen* (*ibid.*, 332).

De la même manière, la physiognomonie et la chiromancie apprennent à déchiffrer dans les signes que les astres ont imprimés sur le visage et les membres des hommes ou dans les lignes de leurs mains le secret de l'« homme intérieur ». Toutefois, la relation entre les étoiles et les hommes n'est pas une relation de dépendance unilatérale :

> L'homme sage peut gouverner et maîtriser (*regieren und meysternen*) l'étoile, et non l'inverse ; l'étoile lui est soumise, c'est elle qui doit le suivre et non lui. Un homme bestial, en revanche, est gouverné et dominé par l'étoile au point qu'il doit la suivre comme le voleur le gibet, l'assassin la roue, le pêcheur le poisson, l'oiseleur l'oiseau et le chasseur le gibier. La raison en est qu'il ne se connaît pas lui-même ni ne sait faire usage des forces cachées en lui ; il ne sait pas être un petit monde et ne connaît pas l'étoile qui est en lui, puisque tout le firmament est à l'intérieur de lui avec toutes ses forces… (*ibid.*, 334).

La relation exprimée par signature n'est donc pas une relation causale, mais quelque chose de plus compliqué, qui agit en retour sur le *signator* et qu'il convient précisément de comprendre.

2. Avant de passer à l'analyse des signatures imprimées par l'Archée sur les choses naturelles, Paracelse rappelle qu'il existe une *Kunst Signata* qui constitue pour ainsi dire le paradigme de toute signature. Cette signature originaire est la langue, par laquelle, le « premier *signator* » Adam, a imposé aux choses, en hébreu, leurs « justes noms » (*die rechten Nammen*, III, 6, 356). La *Kunst Signata* « apprend à donner les noms justes à toutes les choses. Notre père Adam connaissait parfaitement cet art et juste après la création il a donné à chaque être son nom particulier, son nom à tout animal, un

nom différent à chaque arbre et à chaque plante, chaque racine, chaque pierre, chaque minéral, chaque métal, chaque liquide [...] et quand il les baptisait et donnait son nom à chaque chose, cela plaisait à Dieu, car cela se produisait pour de justes raisons (*aus dem rechten Grund*), non selon son gré, mais selon un art préétabli, l'art *signata*, dont Adam a été le premier *signator* » (*ibid.*). A chaque nom qui sortait en hébreu de la bouche d'Adam, correspondaient la nature et la vertu spécifique de l'animal ainsi nommé : « Et lorsqu'il dit : "ceci est un porc, un cheval, une vache, un ours, un chien, un renard, une brebis et autres semblables", son nom présente le porc comme un animal triste et sale ; le cheval comme un animal fort et passionné ; la vache comme un animal goulu et insatiable ; l'ours, un animal fort et invincible ; le renard, un animal perfide et rusé ; le chien, un animal infidèle à son espèce ; la brebis, un animal pieux et utile, incapable de nuire » (*ibid.*).

On a l'habitude de comprendre la relation entre la signature et l'être marqué comme une relation de ressemblance, du genre de celle qui s'établit, comme nous le verrons, entre les taches en forme d'ocelles sur la corolle de l'euphraise et les yeux qu'elle a le pouvoir de soigner. Que l'archétype de la signature, la *Kunst Signata* par excellence soit la langue oblige à entendre cette ressemblance non comme quelque chose de physique, mais selon un module analogique et immatériel. La langue, qui garde l'archive des ressemblances immatérielles, est aussi l'écrin des signatures.

3. Le noyau systématique qui a déterminé le succès de la médecine paracelsienne à la renaissance puis à l'âge baroque se réfère aux signatures en tant que chiffre des pouvoirs thérapeutiques des plantes. Comme l'écrivait Henry More près

d'un siècle après la mort de Paracelse, elles sont les « hiéro-glyphes naturels » par lesquels Dieu nous révèle les vertus médicamenteuses cachées dans le règne végétal. Il est d'autant plus surprenant qu'elles soient absentes sous cet aspect dans le *De signatura rerum*. Leur place, comme illustration de la signature de l'Archée, est occupée par les cornes du cerf et de la vache, qui dans leurs ramifications montrent l'âge ou le nombre des petits mis au monde, ou par les nœuds du cordon ombilical d'un nouveau-né qui montrent combien d'enfants la mère peut encore avoir. Cependant les œuvres médicales de Paracelse en offrent une riche palette d'exemples. Le satyrion « est formé comme les parties honteuses de l'homme » et cette signature montre qu'il peut rendre à l'homme « sa virilité perdue et la luxure » (Paracelse, IV, 9, 584). L'euphraise, qui présente une tache en forme d'œil, révèle ainsi sa capacité à guérir les maladies de la vue. (*ibid.*, I, 2, 234). Si la plante dite *specula pennarum* soigne le sein des femmes, c'est parce que sa forme rappelle celle des mamelles. Les graines du grenadier et les pignons, qui ont la forme des dents, en soulagent les douleurs. D'autres fois, la ressemblance est métaphorique : le chardon, hérissé d'épines, calmera les douleurs aiguës et irritantes ; la *syderica*, sur les feuilles de laquelle on voit l'ima-ge d'un serpent, est un antidote contre toute espèce de venin.

Il convient de réfléchir à la structure particulière qui dans ce cas aussi définit la signature. La relation de signature, dans l'euphraise, ne s'établit pas, comme il pourrait le sembler, entre la vertu thérapeutique cachée et la tache en forme d'œil sur sa corolle, mais directement entre l'euphraise et les yeux. « Pourquoi l'euphraise soigne-t-elle les yeux ? Parce qu'elle a en soi l'*anatomiam oculorum* » ; elle « a en soi la forme et l'image des yeux, et elle devient donc tout entière un œil »

(*ibid.*, II, 4, 316). La signature met la plante en relation avec
l'œil, la déplace en lui, et c'est seulement de cette façon qu'elle
révèle sa vertu cachée. La relation ne s'établit pas entre un
*signans* et un *signatum*, un signifiant et un signifié, mais implique au moins quatre termes (la figure dans la plante – que
Paracelse appelle souvent *signatum* –, la partie du corps
humain, la vertu thérapeutique et la maladie), auxquels il faut
ajouter un cinquième, le *signator*. La signature qui, dans la
théorie des signes, devrait apparaître comme un signifiant,
glisse toujours en position de signifié, si bien que *signum* et
*signatum* échangent leurs rôles et semblent entrer dans une
zone d'indécidabilité. Dans un passage du *Paragranum*, ce
mouvement s'exprime dans la relation qui porte un métal – le
fer (*ferrum*) – à s'identifier avec une planète (Mars), qui
devrait être son *signator* : « Qu'est-ce donc que *ferrum* ? Rien
d'autre que Mars. Qu'est-ce que Mars ? Rien d'autre que
*ferrum*. Cela signifie qu'ils sont tous deux *ferrum* ou Mars […]
que celui qui connaît Mars, connaît *ferrum* et que celui qui
connaît *ferrum* sait ce qu'est Mars » (*ibid.*, I, 2, 110).

4. Nous avons laissé pour la fin l'exposé qui, dans le *De
signatura*, occupe la première place, celui des signatures dont
le *signator* est l'homme. L'illustration qu'en donne Paracelse
est peut-être le chapitre le plus surprenant de l'histoire du
concept de signature, même si, avant de connaître une résur-
rection provisoire dans la pensée de Foucault et de Melandri, il
est resté pendant des siècles comme une sorte de bras mort
de l'épistémé paracelsienne. Pour pouvoir comprendre correctement les signatures naturelles et surnaturelles, il faut d'abord
comprendre, écrit Paracelse, celles dont le *signator* est
l'homme. Le premier exemple est le petit morceau d'étoffe

jaune (*ein Gelbs Flecklin*) que les Juifs portent cousu sur leur vêtement ou leur manteau : « Qu'est-ce là sinon un signe permettant à chacun de le reconnaître comme Juif ? » (*ibid.*, III, 2, 329). Un signe semblable – le rapprochement n'est pas ironique – est celui par lequel se font reconnaître les sbires et les hommes de main (*Scherg oder Büttel*). Et comme les messagers portent sur leur manteau un insigne qui, tout en les désignant comme tels, montrent aussi d'où ils viennent, qui les envoie, et comment on doit les traiter, de même, sur le champ de bataille, les soldats portent des bandes et des signes de couleur pour se faire reconnaître des amis et des ennemis (« ainsi peut-on dire : celui-ci appartient à l'empereur, celui-là au roi, cet autre est français et ainsi de suite », *ibid.*, 330).

Un autre groupe d'exemples où le paradigme de la signature reçoit une nouvelle complication, offre nettement plus d'intérêt. Il s'agit surtout des « marques ou signes » (*Markt und Zeichen*) avec lesquels l'artisan contresigne son travail « afin que chacun puisse reconnaître qui a fait l'œuvre ». Ici la signature montre sa relation étymologique probable avec l'acte de signer un document, évidente dans des langues comme le français ou l'anglais (les *signaturae*, en droit canon, étaient les rescrits où le pape avait simplement apposé sa signature sur le document). Mais *signare,* en latin, signifie aussi « frapper monnaie » et un autre exemple sur lequel s'arrête Paracelse est celui des signes qui indiquent la valeur des pièces de monnaie : « Ainsi nous savons que toute monnaie a une épreuve et un signe particulier par lesquels on reconnaît la valeur qui a été frappée » (*ibid.*, 330). Quant au sceau imprimé sur une lettre, il ne sert pas tant à identifier l'envoyeur qu'à signifier sa « force » (*Krafft*) : « le sceau est la confirmation et la validation de la lettre, pour qu'on puisse lui donner foi selon le droit ; sans le sceau la lettre est inutile, morte et sans valeur » (*ibid.*). Les lettres de l'alphabet sont aussi des signatures de l'homme *signator* : « avec un petit nombre [de lettres] on peut signifier avec des mots et des noms beaucoup de choses, comme cela se produit dans les livres, qui sont marqués dans notre mémoire avec un seul mot ou un nom, de sorte que leur contenu est aussitôt connu » (*ibid.*, 331). Ou bien les lettres inscrites sur les étiquettes qui, chez les apothicaires ou dans les laboratoires des alchimistes, permettent de reconnaître « *liquores, olea, pulveres, semi, pomate,* […] *spiritus, phlegma,* alcali […] » (*ibid.*) ; ou encore les chiffres sur les chambres et les demeures des hommes qui en marquent l'âge et l'année de construction.

5. Essayons maintenant d'analyser la structure singulière des signatures humaines. Soit la marque (*Markt und Zeichen,* signature ou monogramme) avec laquelle l'artisan (ou l'artiste) signe son œuvre. Qu'arrive-t-il quand, en observant un tableau dans la salle d'un musée, nous lisons, dans un cartouche placé dans sa partie inférieure, l'inscription *Titianus fecit* ? Nous sommes aujourd'hui tellement habitués à chercher et à recevoir ce type d'information que nous ne prêtons pas attention à l'opération peu banale implicite dans la signature. Par exemple, si le tableau représente une annonciation, celle-ci peut être vue elle-même comme un signe ou une image renvoyant à une tradition religieuse et à un thème iconographique qui, en ce cas, nous sont familiers (mais pourraient aussi ne pas l'être). Qu'ajoute la signature *Titianus fecit* au signe « annonciation » que nous avons sous les yeux ? Elle ne dit rien sur sa signification théologique ou la manière dont le thème iconographique a été traité, rien qui concerne la

propriété de la chose dans sa matérialité objective. La signature se limite à mettre en relation le tableau avec le nom d'un homme que nous savons être un peintre célèbre qui vécut à Venise au XVIe siècle (dans d'autres cas il pourrait s'agir du nom de quelqu'un dont nous ignorons tout ou presque). Si elle manquait, le tableau resterait absolument inchangé dans sa matérialité et dans sa qualité. Pourtant la relation introduite par la signature est, dans notre culture, si importante (dans d'autres elle pourrait ne pas l'être et l'œuvre pourrait vivre dans le plus complet anonymat), que la lecture du cartouche change radicalement notre manière de regarder le tableau en question. En outre, s'il s'agit d'une œuvre qui rentre dans les limites chronologiques du droit d'auteur, la signature produit alors les éventuelles conséquences juridiques dépendant de ce droit.

Soit maintenant l'exemple de la signature imprimée sur la monnaie et qui en détermine la valeur. Même dans ce cas, elle n'a aucune relation substantielle avec le petit objet métallique de forme circulaire que nous tenons dans nos mains, elle ne lui ajoute aucune propriété réelle. Et cependant, cette fois encore, elle change de manière décisive notre rapport avec cet objet et sa fonction dans la société. Tout comme dans le cas du tableau du Titien, la signature, sans l'altérer en aucune façon dans sa matérialité, l'inscrivait dans le réseau complexe des relations d'« autorité », elle transforme à présent un morceau de métal en monnaie, et le produit comme argent.

Que dire des lettres de l'alphabet qui, selon Paracelse, en se combinant en noms permettent de désigner les livres ? Vraisemblablement il ne s'agit pas ici des noms comme expression de la *Kunst Signata* qui a permis à Adam de nommer les créatures. Il doit s'agir plutôt d'un emploi du langage non

constitué en phrases, mais en paradigmes, signes et titres con-
ventionnels, comme celui que Foucault devait avoir à l'esprit
quand, pour définir ses énoncés, il écrivait que A, Z, E, R, T,
est, dans un manuel de dactylographie, l'énoncé de l'ordre
adopté par les claviers français.

Dans tous ces cas la signature n'exprime pas simplement
une relation sémiotique entre un *signans* et un *signatum*; elle
est plutôt ce qui, tout en s'inscrivant dans cette relation, mais
sans coïncider avec elle, la déplace et la transplante dans un
autre contexte, en l'insérant dans un nouveau réseau de relations pragmatiques et herméneutiques. En ce sens, le morceau
d'étoffe jaune sur le manteau du Juif ou la marque colorée
sur celui du sbire ou du messager, ne sont pas de simples
signifiants neutres qui renvoient aux signifiés «Juif»,
«sbire», «messager»: en déplaçant cette relation dans la
sphère pragmatico-politique, ils expriment plutôt le comportement que l'on doit avoir par rapport au Juif, au sbire et au
messager (et celui que nous devons attendre d'eux). De la
même manière, la signature en forme d'œil sur la corolle de
l'euphraise n'est pas un signe qui signifie «œil»; dans la tache
en forme d'œil (qui est en soi un signe renvoyant à l'œil), elle
montre que cette plante agit comme remède efficace pour les
maladies de la vue.

6. Déjà dans le titre, le *De signatura rerum* de Jakob
Boehme renvoie à Paracelse, dont il reprend les thèmes et
les motifs, et au premier chef celui de la langue adamite.
Cependant la théorie des signatures connaît ici un développement nouveau qui rend évident l'insuffisance du concept de
signe à rendre compte du problème. D'abord, la signature n'est
plus seulement ce qui, en mettant en relation des domaines

différents, manifeste la vertu occulte des choses ; elle est plutôt l'opérateur décisif de toute connaissance, ce qui rend intelligible le monde, qui est, en soi, muet et sans raison. Comme l'annonce la première phrase du traité :

> Tout ce que l'on dit ou écrit de Dieu, tout ce que l'on enseigne sur lui, sans la connaissance de la signature (*Signatur*) est muet et sans raison, puisque cela provient seulement de la vanité de l'histoire, d'une autre bouche, où l'esprit sans connaissance demeure muet. Mais si l'esprit lui entrouvre la signature, alors il comprend l'autre bouche, et comprend en outre comment l'esprit s'est révélé avec la voix dans le son à partir de l'essence et au moyen d'un *principium* (Boehme, VI, 14, 3-4).

Le processus de révélation, qui a son paradigme dans la langue, implique chez Boehme depuis le début une complication du modèle sémiotique. Le signe (qu'il appelle *Bezeichnung*) est, en soi, inactif et muet, et nécessite, pour produire la connaissance, d'être animé et qualifié dans une signature (pour décrire ce processus il emploie le verbe *inqualiren*, un des termes techniques fondamentaux de sa pensée) :

> Afin que l'on puisse nous comprendre dans la parole, où l'esprit s'est créé dans le bien ou le mal, il procède avec le même signe *(Bezeichnung)* dans la figure *(Gestaltnis)* qui se trouve chez un autre homme et réveille aussi chez l'autre une telle forme dans la signature que les deux figures se qualifient et se donnent réalité tout à tour *(miteinander inqualiren)* dans une forme qui devient ainsi concept, volonté, esprit et raison (*ibid.*, p. 4).

Le passage suivant, où les signes sont comparés à un luth qui reste silencieux tant que le musicien ne le prend pas en main et en joue, est encore plus clair :

> La signature se trouve dans l'essence et est semblable à un luth qui reste silencieux, et est muet et incompris ; mais si quelqu'un se met à en jouer, alors on l'entend [...]. Il en va de même avec le signe *(Bezeichnung)* de la nature, qui, dans sa figure, est un être muet [...] Dans l'âme humaine la *signature* est préparée avec art selon l'essence de chaque être et il ne manque à l'homme qu'un musicien capable de jouer de son instrument *(ibid.)*.

Malgré les hésitations terminologiques, il est clair que la signature ne coïncide pas ici avec le signe, mais est ce qui rend le signe intelligible : l'instrument a été préparé et marqué au moment de la création, mais il ne produit de la connaissance qu'à un moment ultérieur, qui est celui de sa révélation dans la signature, où « l'intériorité se révèle dans le son de la parole, car celle-ci est la connaissance naturelle que l'âme a d'elle-même » *(ibid.*, 5). Avec un terme qui renvoie à une tradition à la fois théologique et magique, Boehme définit comme « caractère » *(Character)* ce moment actif où la signification passe dans la révélation *(Offenbarung)* :

> Le monde extérieur visible tout entier, avec toutes ses créatures, est un signe *(Bezeichnung)* ou une figure *(Figur)* du monde spirituel intérieur ; tout ce qui est à l'intérieur, dans le moment où il agit et devient réel *(in der Wirkung ist)*, reçoit alors son *caractère* extérieur *(ibid.*, 96).

Le paradigme de ce langage naturel *(Natur-sprache)* des signatures n'est pas, pour Boehme, la *Kunst Signata* de Paracelse, mais la christologie.

> Le Verbe de Dieu » lit-on dans le *De electione gratiae* « est le fondement de tous les êtres, le commencement de toutes leurs qualités ; le Verbe est la parole *(das Sprechen)* de Dieu et reste en Dieu, mais l'expression *(Aussprechen)* en tant que sortie du verbe – puisque la volonté non fondée dans l'expression aboutit à la division – est la nature et la qualité » *(ibid.*, 15, 137).

Les apories de la théorie de la signature répètent celles de la Trinité : de même que Dieu n'a pu concevoir et former toutes les choses que par le Verbe, à la fois modèle et instrument efficace de la création, de même la signature est ce qui, en demeurant en eux, rend effectifs et parlants les signes muets de la création.

7. Avant de sortir de la science occidentale à la fin du XVIIIe siècle, la théorie des signatures exerça une influence décisive sur la science et la magie de la Renaissance et de l'âge baroque, jusqu'à impliquer des aspects non marginaux des œuvres de Kepler et de Leibniz. Toutefois la théorie des signatures ne trouve pas son lieu d'élection seulement dans les sciences médicales et dans la magie. Elle avait connu son élaboration la plus significative dans le domaine théologique, avec la théorie des sacrements.

C'est à Augustin que la tradition herméneutique médiévale fait remonter l'inscription des sacrements dans la sphère des signes, c'est-à-dire la première tentative de construire la doctrine des sacrements comme une « sémiologie sacrée ». Si nous trouvons chez Augustin aussi bien une définition du sacrement comme *sacrum signum (Sacrificium visibile invisibilis sacrificii sacramentum, id est sacrum signum, De Civitate Dei,* X, 5) que l'idée, énoncée de façon aussi fugitive, d'un *character* indélébile imprimé par le sacrement sur celui qui le reçoit, il est cependant certain que la construction d'une véritable théorie du sacrement comme signe commence seulement six siècles plus tard avec Bérenger de Tours et culmine dans la *Somme théologique* de Thomas d'Aquin. Dans le passage cité plus haut du *De civitate Dei,* le terme *sacramentum* ne se réfère pas d'ailleurs aux sacrements au sens technique, mais plus généralement à toutes « les œuvres qui s'accomplissent en nous pour nous unir à Dieu », en opposition aux sacrifices d'immolations célébrés par les Hébreux selon le récit biblique. Avant Augustin, dans le traité d'Ambroise sur les sacrements, l'expression *spiritale signaculum* ne désigne qu'un moment du baptême, qui se présente dans cette phase comme un exorcisme ou un rite d'initiation. Il est significatif que, dans les textes où Augustin développe sa théorie des signes, si importante pour la théologie et la philosophie médiévale, il ne mentionne jamais les sacrements.

On décrit d'habitude le processus qui mène à la formation de la théorie scolastique des sacrements comme la convergence ou le rapprochement de trois doctrines : celle du sacrement-mystère (qui aurait son paradigme chez Isidore), celle du sacrement-médecine (encore présente chez Hugues de Saint-Victor et dans la *Somme contre les Gentils* de Thomas d'Aquin) et celle du sacrement-signe (qui fournira la forme canonique définitive de la doctrine scolastique des sacrements). Une analyse plus attentive montre que ces trois éléments continuent à être présents dans toutes les phases d'élaboration de la théorie, témoignant ainsi d'une origine

composite sur laquelle la recherche historique n'a pas encore
fait la lumière et dont la théorie du sacrement-signe ne parvient
jamais à venir complètement à bout.

Cette insuffisance du modèle sémiotique à expliquer le
sacrement apparaît au moment où l'on se confronte avec
le problème à tous points de vue décisif de la théorie : celui
de l'efficacité du signe. Dans le dialogue sur les sacrements
d'Hugues de Saint-Victor, cette efficacité – au même titre que
la ressemblance à la chose signifiée – fonde la différence
et presque l'excès du sacrement par rapport au signe :

> D. Quelle est la différence entre signe et sacrement ? M. Le
> signe signifie au moyen d'une institution *(ex institutione)*, le
> sacrement représente aussi au moyen d'une ressemblance *(ex
> similitudine)*. En outre le signe peut signifier la chose, mais ne
> peut la conférer *(conferre)*. Dans le sacrement en revanche, il
> n'y a pas seulement signification, mais aussi efficacité, de sorte
> que, à la fois, il signifie au moyen de l'institution, représente au
> moyen de la ressemblance et confère au moyen de la sanctifi-
> cation (Hugues de Saint-Victor, P. L. CLXXVI, 35 A).

L'auteur anonyme de la *Summa sententiarum* réaffirme
sans réserve cette irréductibilité du sacrement au signe :

> [Le sacrement] n'est pas seulement le signe d'une chose sacrée,
> il est aussi efficace. C'est là la différence entre le signe et le
> sacrement : pour qu'il y ait un signe il est suffisant qu'il signifie
> ce dont il offre un signe, sans pour autant qu'il le confère. En
> revanche, le sacrement ne fait pas que signifier, mais confère
> aussi ce dont il est signe ou signification. Ils diffèrent en outre
> parce que le signe existe par sa seule signification, même s'il
> manque de ressemblance, comme par exemple le cercle
> qui dans les insignes des tavernes signifie le vin *(circulus
> vini)*, alors que le sacrement non seulement signifie grâce à

l'institution, mais représente aussi grâce à la ressemblance (*ibid.*, 117B).

8. Dans le traité sur les sacrements de la *Somme théologique,* considéré d'ordinaire comme le moment où Thomas d'Aquin adhère pleinement au paradigme du sacrement-signe, cette insuffisance de la théorie du signe à rendre pleinement raison de l'efficacité du sacrement se manifeste à propos des effets du sacrement que sont la grâce et le caractère. Pour expliquer comment un signe peut être une cause de la grâce, Thomas est contraint de distinguer entre une « cause principale », qui produit ses effets en vertu de sa forme (comme le feu qui réchauffe en vertu de sa chaleur) et une « cause instrumentale », qui n'agit pas en vertu de sa forme, mais seulement par le mouvement qu'imprime sur elle un principe agissant (comme la hache est cause du lit seulement par l'intermédiaire de l'artisan). Alors que la cause principale ne peut être le signe de son effet, la cause instrumentale

> peut être définie comme signe d'un effet caché, en tant qu'elle n'est pas seulement une cause, mais aussi un effet mû par l'agent principal. C'est pourquoi les sacrements de la Loi nouvelle sont aussi bien cause que signe, et pour cette raison l'on dit communément qu'ils "réalisent ce qu'ils représentent" *(efficiunt quod figurant)* (Thomas d'Aquin, *Somme théologique,* p. III, q. 62, art. 1, sol. 1).

Mais cela signifie que, en tant qu'effet de l'action d'un agent principal qui est le Christ lui-même, le sacrement, comme cause instrumentale, n'agit pas simplement *ex institutione*, comme le fait un signe, mais a besoin à chaque fois d'un principe actif qui l'anime. Aussi est-il nécessaire que le ministre du culte, qui représente le Christ, comme agent prin-

cipal, ait l'intention (sinon actuelle, du moins habituelle),
d'accomplir l'acte sacramentel :

> L'ablution par l'eau, qui a lieu dans le baptême, peut avoir pour
> but la propreté du corps, sa santé, le jeu ou toute autre fin
> analogue. Il faut donc que, par l'intention de celui qui lave,
> l'ablution soit assujettie à l'effet sacramentel. Cette intention
> s'exprime dans les mots qui sont prononcés dans le sacrement :
> "Je te baptise au nom du Père etc." (*ibid.*, q. 64, art. 8, concl.).

Même si cette intention n'est pas quelque chose de
subjectif dépendant des bonnes ou mauvaises dispositions du
prêtre *(ex opere operantis)*, mais une réalité objective qui se
produit *ex opere operato*, il reste que le signe est ici chaque
fois le lieu d'une opération qui en réalise l'efficacité.

Le sacrement fonctionne donc, non comme un signe qui,
une fois établi, signifie toujours son signifié, mais comme une
signature, dont l'effet dépend d'un *signator* ou, en tout cas,
d'un principe – vertu cachée chez Paracelse, vertu instrumentale chez Thomas d'Aquin – qui à chaque fois l'anime et le
rend effectif.

9. La proximité avec la sphère de la signature est encore
plus évidente dans cet effet spécifique du sacrement qui, dans
le cas du baptême, de la confirmation et de l'ordre (lesquels,
à la différence des autres sacrements peuvent être donnés
une seule fois), prend le nom de « caractère » (*character*).
Augustin en élabore la théorie dans le cadre de sa polémique
avec les donatistes, notamment dans le petit traité intitulé
*Contra epistolam Parmeniani*. Les donatistes niaient la validité du baptême (et de l'ordre) dans le cas où le sacrement ait
été administré par ou à un hérétique ou un schismatique. La

question est importante, car pour Augustin il s'agit d'affirmer la validité du sacrement non seulement indépendamment de la situation des sujets qui le reçoivent ou l'administrent, mais aussi en faisant abstraction de la grâce qu'il communique au moyen de l'Esprit. En effet, selon les donatistes, le sacrement des hérétiques ne pouvait produire la communication de la grâce spirituelle qui en constitue l'effet, car selon la tradition patristique, ils sont exclus de la participation à l'Esprit saint. Contre cette thèse, Augustin affirme la possibilité d'un *baptisma sine spiritu*, c'est-à-dire d'un baptême qui imprime dans l'âme un *character* ou une *nota*, sans conférer la grâce correspondante. Il est probable que les raisons d'une thèse aussi extrême aient un caractère ecclésial et soient à chercher dans la volonté d'assurer l'identité du chrétien et du prêtre au-delà de tout mérite ou de toute indignité personnelle. En tout cas, le statut d'un pareil « caractère » est si paradoxal qu'Augustin doit multiplier les paradigmes qui le rendent compréhensible. Il recourt d'abord à l'exemple de quelqu'un qui a frappé une monnaie d'or et d'argent du *signum regale*, mais de manière illicite, sans l'autorisation du souverain : s'il est découvert, il sera assurément puni, mais la monnaie restera valide et sera englobée dans le trésor public (*thesauris regalibus congeretur*) (P.L. XLIII, 71). Le second exemple est celui d'un soldat qui, comme c'était l'usage dans l'armée romaine, a été marqué sur le corps du *character militiae* et s'est par lâcheté soustrait au combat. S'il implore la clémence de l'empereur et obtient son pardon, il n'est pas nécessaire de le marquer d'un nouveau *character* (*ibid.*). « Se pourrait-il » écrit Augustin « que les *sacramenta christiana* adhèrent moins que cette marque corporelle *(corporalis nota)* » (*ibid.*) ? Sur cette base, conscient des apories implicites dans cette idée, il tire, en argumentant par hypothèses, la conclusion inévitable d'un baptême sans esprit » :

> Si le baptême ne peut être valable sans l'Esprit, les hérétiques auront l'Esprit, mais pour leur dommage et non pour leur salut, comme cela se produisit pour Saül [...] Mais, en revanche, si les avares n'ont pas l'Esprit de Dieu, tout en ayant le baptême, alors le baptême peut être valable sans l'Esprit (*ibid.*).

L'idée d'un « caractère sacramentel » indélébile se fait donc jour pour expliquer la survivance d'un sacrement par rapport aux conditions qui devraient le rendre nul ou inefficace. Si la communication de l'Esprit est impossible, le caractère exprimera l'excès du sacrement sur son effet, quelque chose comme un supplément d'efficacité sans autre contenu que le pur fait d'être marqué. Si le chrétien ou le prêtre ont perdu toutes les qualités qui les définissent, s'ils n'ont pas seulement commis toutes les infamies concevables, mais ont aussi renié leur foi, ils conservent néanmoins le *character* de la chrétienté et du sacerdoce. Le caractère est donc une signature zéro exprimant l'avènement d'un signe sans signifié et fonde sur cet avènement une pure identité sans contenu.

10. Que l'idée d'un « caractère sacramentel » ait une origine aussi aporétique ne pouvait échapper aux scolastiques qui, des siècles plus tard, en élaboreront la théorie. Aussi se préoccuperont-ils de donner un contenu à la signature augustinienne, en affirmant qu'il communique à l'âme un *habitus* (c'est la thèse d'Alexandre de Hales) ou une puissance. Cette dernière position est celle de Thomas d'Aquin qui soutient que le caractère, bien qu'il ne communique pas la grâce, confère cependant à l'âme une « puissance ordonnée à

la participation au culte divin » (Thomas d'Aquin, *Somme théologique*, p. III, q. 63, art. 2, concl.).

Mais les difficultés ne sont pas pour autant éliminées. Thomas doit recourir lui aussi au paradigme militaire d'Augustin : de même que, dans l'antiquité,

> les soldats enrôlés dans l'armée, puisqu'ils étaient affectés à un service physique, étaient marqués (*insigniri*) d'un caractère imprimé sur le corps, de même les hommes qui, par les sacrements, sont désignés pour remplir un service spirituel concernant le culte divin sont marqués d'un caractère spirituel (*ibid.*, art. 1, concl.).

Le caractère, argumente-t-il, est un signe indélébile imprimé dans l'âme par ce signe sensible qu'est le sacrement : « Le caractère imprimé dans l'âme fonctionne comme un signe *(habet rationem signi)* car l'on reconnaît que quelqu'un a été marqué du caractère du baptême dans la mesure où il a été baigné par l'eau sensible » (*ibid.*). Dans le cas du baptême, donc, ce signe sensible qu'est le sacrement, ne produit pas seulement cet effet qu'est la grâce, mais produit aussi un autre signe, qui a une nature spirituelle et ne peut être effacé.

Considérons la nature paradoxale de cette signature particulière (*quaedam signatio, ibid.*, art. 1, *sed contra*) qui définit le caractère. Signe produit par un signe le caractère excède la nature relationnelle qui est propre au signe :

> La relation implicite dans le mot "signe" doit se fonder sur quelque chose. Mais la relation propre à ce signe qu'est le caractère ne peut être fondée immédiatement sur l'essence de l'âme, car sinon elle conviendrait par nature à toute âme. On doit donc placer dans l'âme quelque chose qui fonde une telle relation. Telle est précisément l'essence du caractère,

qui n'appartient donc pas au genre de la relation (*ibid.*, art., 2, sol. 3).

Le caractère est donc un signe qui excède le signe et une relation qui excède et fonde toute relation. Il est, dans ce signe efficace qu'est le sacrement, ce qui marque l'excès irréductible de l'efficacité sur la signification. C'est pourquoi « il ne peut se dire signe qu'en relation au sacrement sensible qui l'a imprimé ; considéré en soi, il n'a pas fonction de signe, mais de principe » (*ibid.*, sol. 4).

Le paradoxe de la théorie sacramentelle, qui l'apparente à celle des signatures (laquelle en découle vraisemblablement, même s'il est permis de leur supposer à toutes deux une origine magique), est de nous confronter à quelque chose qui est inséparable du signe et cependant ne s'y laisse pas réduire, un « caractère » ou une « signature » qui, en s'inscrivant dans un signe, le rend efficace et capable d'agir.

Le sens du caractère est, dans les deux cas, purement pragmatique. De même que l'argent « est marqué par un caractère *(charactere ... insignitur)* » pour pouvoir être échangé (*ibid.*, art. 3, concl.) et que le soldat reçoit son caractère pour pouvoir combattre (*ibid.* ; on trouve aussi ces deux exemples chez Paracelse), de même le fidèle est marqué par le caractère pour pouvoir accomplir les actes du culte *(ad recipiendum vel tradendum aliis ea quae pertinent ad cultum Dei, ibid.)*.

11. Un siècle avant Augustin, l'idée d'une efficacité des pratiques et des signes sacrés indépendamment de la condition et de la collaboration des sujets qui s'y trouvent impliqués était abordée dans une œuvre qui est généralement considérée comme la première fondation philosophique de la magie et de la théurgie : le *De mysteriis* de Jamblique.

Sans que nous le comprenions, les mêmes signes (*synthḗmata*)
réalisent par eux-mêmes leur œuvre propre ; et la puissance
ineffable des dieux, auxquels ils renvoient, reconnaît par elle-
même ses propres images (*oikeías eikónas*), sans avoir besoin
d'être guidée par notre connaissance [...] Ce qui éveille la
volonté divine, ce sont les signes divins eux-mêmes (*théia
synthḗmata*). Je t'expose cela pour que tu ne croies pas que tout
le pouvoir de l'opération (*enérgeias*) qu'il y a dans la théurgie
provienne de nous, ni que tu penses que son œuvre véritable
(*alēthés* [...] *érgon*) s'accomplisse grâce à nos conceptions
disposées selon la vérité ou échoue à cause de notre erreur
(Jamblique 1966, 96-98).

Traduisant en latin le *De mysteriis* avec des traités
magiques grecs et le *Corpus hermeticum*, Marsile Ficin était si
convaincu de la proximité de ces textes et de la tradition
chrétienne qu'il a altéré quelque peu le passage en question
pour le mettre en relation avec la doctrine de l'efficacité des
sacrements. Non seulement il coiffe ce paragraphe du titre *De
virtute sacramentorum,* absent dans l'original, mais il traduit
l'expression *théia synthḗmata*, « signes divins », par *sacramenta divina*. A la fin de ce passage, il ajoute même quelques
lignes qui se réfèrent sans équivoque au sacrement chrétien :

Lorsque, dans le déroulement du sacrifice, il y a des symboles
et des synthemata, c'est-à-dire des signes et des sacrements
*(signacula et sacramenta)*, le prêtre emploie des choses maté-
rielles, dans un ordre qui lui permet de rendre les honneurs
extérieurs ; mais c'est Dieu qui imprime au sacrement sa force
efficace (Jamblique 1516, 7).

Selon toute probabilité, la doctrine théologique du
caractère sacramentel et la théorie médicale des signatures
doivent leur origine à une tradition magico-théurgique de ce

type. Parmi les textes traduits par Ficin figure un bref traité attribué à Proclus, *De sacrificio et magia,* où les notions fondamentales que nous avons examinées jusqu'à maintenant sont clairement présentes. Nous retrouvons ici non seulement l'idée, qui nous est désormais familière, des signatures visibles dans les choses (« La pierre que l'on appelle "œil de ciel" ou "œil du soleil" contient une figure semblable à la pupille de l'œil, du centre de laquelle part un rayon » : Jamblique 1516, p. 35), mais aussi celle de la ressemblance efficace comme fondement des influx magiques (« Les anciens, qui connaissaient tout cela [...] ont transféré au moyen de la ressemblance les vertus divines dans le monde inférieur; la ressemblance est en effet la cause efficiente qui permet de lier chaque chose l'une à l'autre », *ibid.*).

12. La proximité entre sacrements et magie est évidente dans la pratique du baptême des images et des talismans dont nous sommes informés par une consultation de Jean XXII datant de 1320. Le baptême rituel des images magiques afin d'accroître leur efficacité devait être alors si répandu qu'il a suscité la préoccupation du pontife et l'a poussé à soumettre le problème à dix canonistes et théologiens :

> Ceux qui baptisent, par l'eau et selon la forme de l'Eglise, des images ou toute chose dépourvue de raison en vue de commettre un maléfice, commettent-ils un acte hérétique et doivent être tenus pour hérétiques, ou bien doivent-ils être simplement jugés comme auteurs de sortilèges ? Comment doivent-il, en tel et tel cas, être punis ? Et, alors, que faut-il faire de ceux qui ont reçu de telles images, et à qui l'on a dit qu'elles étaient baptisées ? Et que faire de ceux à qui on n'a pas dit qu'il s'agissait d'images baptisées, mais à qui on a dit que des

images de ce type avaient tel ou tel pouvoir et qui les ont reçues
à cette fin ? (Boureau, IX).

Le pape, qui était expert en droit canon, avait compris que
ce problème juridique touchait un point de doctrine essentiel
mettant en question la nature même du sacrement. Puisque
l'efficacité sacramentelle dépend immédiatement du *signum*
et du *character* et non des finalités et des conditions des sujets,
celui qui administre le baptême à des images met en question
l'essence du sacrement et accomplit dès lors un crime d'hérésie et non de simple sortilège. En d'autres termes, c'est la
proximité entre efficacité sacramentelle et efficacité magique
qui rend nécessaire l'intervention du théologien et celle du
canoniste.

Cela paraît évident dans la réponse la plus longue et la plus
articulée, celle du franciscain Enrico del Carretto, évêque de
Lucques. Contre ceux qui soutenaient qu'il ne pouvait s'agir là
d'un *factum hereticale*, dans la mesure où la fin magique est
accidentelle par rapport à la foi dans le sacrement, il affirme au
contraire que le baptême est une consécration qui ajoute
quelque chose à ce qui est consacré, soit selon la forme, soit
selon le signe; le baptême des images à des fins magiques
n'introduit donc pas seulement, par rapport au sacrement, une
finalité extérieure, mais est «une forme de consécration
*(quaedam consecratio)* et de destination au maléfice, par
laquelle la chose est affectée par l'acte ou doit être tenue pour
affectée par une telle consécration» *(ibid.*, 15). Enrico croit
donc à la réalité du maléfice opéré par le baptême des images.
Si l'opération magique était effectuée sur une image non
consacrée, même si l'opérant croit au pouvoir du démon et
transperce l'image à cette fin *(ad hoc pungit ymaginem ut
diabolus pungat maleficiatum)*, on serait en présence d'un

sortilège, mais pas d'une hérésie (*ibid.*, 29). Mais si l'image a été baptisée selon le rite (*modo divino*), «par la consécration de l'image on produit une image diabolique» (*ibid.*, 28), dans laquelle le démon insinue effectivement sa puissance. Le parallélisme entre l'efficacité de l'image baptisée et celle du sacrement consiste précisément dans le fait que toutes les deux agissent au moyen d'un signe. En effet, le démon n'est pas présent dans l'image comme un «principe de mouvement» (*sicut motor in mobili, ibid.*, 27), mais comme un «signifié dans le signe» (*ut signatum in signo, ibid.*) Tout comme cela se produit dans le sacrement, quelle que soit la croyance de l'opérant, «le simple fait de la consécration contient la croyance et, donc, révèle un acte d'hérésie» (*ibid.*). Opération magique et opération sacramentelle se correspondent point par point et, en répertoriant le crime sous l'espèce de l'hérésie, on ne fait qu'enregistrer cette proximité.

13. Un lieu privilégié des signatures est l'astrologie. C'est dans l'astrologie que la tradition magico-médicale dont nous nous sommes occupés plonge ses racines. Considérons, dans le texte arabe traduit en latin sous le nom de Picatrix ou dans l'*Introductorium majus* d'Abu Ma 'shar, les images et les figures de ces décans qui avaient si fasciné Aby Warburg lorsqu'il en découvrit la somptueuse reproduction dans les fresques de Schifanoia, qu'il ne se sentit pas en paix avant d'en avoir retracé la généalogie. «Dans ce décan» lit-on dans l'*Introductorium* à propos du premier décan du Bélier, «se dresse un homme noir aux yeux rouges, de haute taille, au grand courage et aux sentiments élevés; il porte une ample robe blanche, serrée au milieu par une corde; il est en colère, se tient droit, veille et observe» (Warburg, 1966, 256-257). On

sait que dans la figure sombre de ce *vir niger* tel qu'il apparaît dans la représentation qu'en a donnée Francesco del Cossa sur la bande médiane du mois de mars dans le salon du Palazzo Schifanoia, Warburg a fini par voir une sorte de « compagnon secret » de sa propre vie et quelque chose comme un chiffre de son destin. Dans le *Picatrix*, non seulement les décans, mais aussi les planètes ont une « figure » (*forma*) de ce genre. Si le premier décan du Bélier y est décrit comme « un homme aux yeux rouges et à la longue barbe, enveloppé dans un drap de lin blanc, faisant de grands gestes tout en marchant, ceint d'une corde passée sur le manteau blanc qui le recouvre et se tenant droit sur un pied » (Pingree, 33), la *forma Saturni*, selon Picatrix, est celle d'un « homme au visage couleur aile de corbeau et aux pieds de chameau, assis sur une chaire, tenant une pique dans la main droite et dans la gauche une lance ou une flèche » (*ibid.*, 51).

Quel est le sens de ces figures énigmatiques que les illustrations des manuscrits reprennent en détail? Elles ne se réfèrent en aucune manière, comme les constellations, à la figure que les astres semblent dessiner dans le ciel, et ne décrivent pas une propriété des signes zodiacaux auxquels elles renvoient. Leur fonction n'apparaît que si on les situe dans le contexte technique de la fabrication des talismans que Picatrix appelle *ymagines*. Quelle que soit la matière dont elles sont faites, les *ymagines* ne sont pas des signes ni des reproductions de quelque chose : elles sont des opérations, par lesquelles les forces des corps célestes sont recueillies et concentrées en un point pour influencer les corps terrestres (*ymago nihil aliud est quam vis corporum celestium in corporibus influencium, ibid.*, 51). Dans cette fonction, la forme ou la figure des planètes est définie comme *significator* ou *signa-*

*tor*, ou encore « racine » (*radix*) de l'*ymago* qui recueille et oriente les vertus des astres. En ce sens, les racines sont elles-mêmes des opérations pour l'efficacité des images (*iste radices erunt opus celi pro effectibus ymaginum, ibid.*, 8-9). La science du mage consiste à connaître les signatures célestes, en ce sens où confectionner une *ymago* signifie imaginer et reproduire sympathiquement dans une signature (qui peut être aussi un geste ou une formule) la signature de la planète en question.

Cela est vrai, à plus forte raison, pour ce qu'on appelle les « signes » du zodiaque et pour les constellations elles-mêmes. Il ne s'agit pas à proprement parler de signes (car de quoi le seraient-ils ?), mais de signatures qui expriment une relation de ressemblance efficace entre les constellations et ceux qui sont nés sous tel ou tel signe, ou plus généralement entre le macrocosme et le microcosme. Non seulement il ne s'agit pas de signes, mais pas même de quelque chose qui ait jamais été écrit. Ou plutôt, selon la très profonde image de Hofmannsthal, c'est dans le ciel que les hommes apprirent peut-être pour la première fois à « lire ce qui n'a jamais été écrit ». Mais cela signifie que la signature est le lieu où le geste de lire et celui d'écrire inversent leur relation et entrent dans une zone d'indécidabilité. La lecture devient ici écriture et l'écriture se résout intégralement en lecture : « L'image s'appelle image parce que les forces des esprits y sont rassemblées : l'opération de l'imagination (*cogitacio*) est incluse dans la chose qui renferme la vertu de la planète » (Pingree, 111).

14. Ces considérations peuvent fournir une clef pour comprendre ce qui est en question dans l'énigmatique *Bilder-atlas Mnemosyne*, à la réalisation duquel Aby Warburg a consacré les dernières années de sa vie, et pour permettre du

même coup de saisir avec plus de précision le concept de *Pathosformel*. Les images (en fait, des photographies développées et tirées dans le laboratoire du *Warburghaus*) qui composent chacun des soixante-dix-neuf panneaux de l'atlas ne doivent pas être vues (comme dans les livres d'art habituels) comme les reproductions des œuvres ou des objets qui ont été photographiés et auxquels nous devons en dernière analyse nous référer. Elles ont au contraire une valeur en soi : elles sont, au sens de Picatrix, les *ymagines* où a été fixée la signature des objets qu'elles semblent reproduire. Les *Pathosformeln* ne se trouvent donc pas dans les œuvres d'art ni dans l'esprit de l'artiste ou de l'historien : elles coïncident avec les images que l'atlas enregistre en détail. De même que l'*Introductorium* ou le traité *Picatrix* offrent au mage qui en feuillette les pages le catalogue des *formae* et des signatures des décans et des planètes qui lui permettront de fabriquer ses talismans, de même Mnémosyne est l'atlas des signatures que l'artiste – ou le chercheur – doit apprendre à connaître et à manier s'ils veulent comprendre et effectuer l'opération risquée qui est en question dans la tradition de la mémoire historique occidentale. C'est pourquoi Warburg, avec une terminologie para-scientifique, en réalité plus proche de celle de la magie que de celle de la science, peut se référer aux *Pathosformeln* comme à des « dynamogrammes déconnectés » (*abgeschnürte Dynamogramme*) qui recouvrent à chaque fois leur efficacité dans la rencontre avec l'artiste (ou le chercheur). Malgré les incertitudes d'une terminologie indubitablement influencée par la psychologie de son temps, de Vischer à Semon, les *Pathosformeln*, les « engrammes » et les *Bilder* qu'il cherche à saisir ne sont ni des signes ni des symboles, mais des signatures ; et la « science sans nom » qu'il ne parvient pas à fonder est quelque chose comme un dépassement et une *Aufhebung* de la magie par ses instruments mêmes – en ce sens, une archéologie des signatures.

15. Dans *Les Mots et les Choses,* Michel Foucault cite le traité de Paracelse. Et il le fait au moment de situer la théorie des signatures dans l'épistémè de la Renaissance. La ressemblance y remplit une fonction décisive qui, selon Foucault, domine jusqu'à la fin du XVIᵉ siècle non seulement l'exégèse et l'interprétation des textes, mais aussi celles du rapport entre l'homme et l'univers. Mais un monde soutenu par la trame serrée des ressemblances et des sympathies, des analogies et des correspondances a besoin de signatures, de marques qui nous apprennent à les reconnaître. « Il n'y a pas de ressemblance sans signature. Le monde du similaire ne peut être qu'un monde marqué » (Foucault, 1966, 41) et le savoir des ressemblances se fonde sur l'identification des signatures et leur déchiffrement. Foucault s'aperçoit du redoublement curieux et incessant que les signatures introduisent dans le système des ressemblances :

> Mais quels sont ces signes ? A quoi reconnaît-on parmi tous les aspects du monde, et tant de figures qui s'entrecroisent, qu'il y a ici un caractère auquel il convient de s'arrêter, parce qu'il indique une secrète et essentielle ressemblance ? Quelle forme constitue le signe dans sa singulière valeur de signe ? – C'est la ressemblance. […] Mais il n'est pas cependant l'homologie qu'il signale ; car son être distinct de signature s'effacerait dans le visage dont il est signe ; il est une *autre* ressemblance, une similitude voisine et d'un autre type qui sert à reconnaître la première, mais qui est décelée à son tour par une troisième. Toute ressemblance reçoit une signature ; mais cette signature n'est qu'une forme mitoyenne de la même ressemblance. Si

bien que l'ensemble des marques fait glisser, sur le cercle des
similitudes, un second cercle qui redoublerait exactement et
point par point le premier, n'était ce petit décalage […] La
signature et ce qu'elle désigne sont exactement de même
nature; ils n'obéissent qu'à une loi de distribution différente; le
découpage est le même (*ibid.*, 43-44).

Cependant, Foucault comme les auteurs qu'il analyse, de
Paracelse à Crollius, ne définit pas le concept de signature qui
se résout pour lui en celui de ressemblance; mais il y a dans sa
définition de l'épistémè de la Renaissance, un thème qu'il
suffit de développer pour identifier le lieu et la fonction propre
des signatures. Il distingue à un moment la sémiologie – c'est-
à-dire l'ensemble des connaissances qui permettent de reconnaître ce qu'est un signe et ce qu'il n'est pas – de l'herméneutique, qui est l'ensemble des connaissances permettant de
découvrir le sens des signes, de « les faire parler » (*ibid.*, 4). Le
XVIe siècle, suggère-t-il, « a superposé sémiologie et herméneutique dans la forme de la similitude […] La nature des
choses, leur coexistence, l'enchaînement qui les attache et par
quoi elles communiquent, n'est pas différente de leur ressemblance. Et celle-ci n'apparaît que dans le réseau des signes qui,
d'un bout à l'autre, parcourt le monde. » (*ibid.*, 44). Toutefois,
sémiologie et herméneutique ne coïncident pas parfaitement
par la ressemblance; il reste, entre elles, un décalage, dans
lequel se produit le savoir :

Tout serait immédiat et évident si l'herméneutique de la
ressemblance et la sémiologie des signatures coïncidaient
sans la moindre oscillation. Mais parce qu'il y a un "cran" entre
les similitudes qui forment graphisme et celles qui forment
discours, le savoir et son labeur infini reçoivent là l'espace qui
leur est propre : ils auront à sillonner cette distance en allant,

par un zigzag infini, du semblable à ce qui lui est semblable (*ibid.*, 45).

Même si, dans ce passage, le lieu et la nature des signatures restent problématiques, il est certain qu'elles trouvent dans le décalage et la déconnexion entre sémiologie et herméneutique leur situation propre. On doit à Enzo Melandri, dans un article de 1970 sur *Les Mots et les choses,* une première définition du concept de signature dans ce contexte. En partant de la non-coïncidence entre sémiologie et herméneutique chez Foucault, il définit la signature comme ce qui permet le passage de l'une à l'autre :

> La signature est une espèce de signe dans le signe; elle est cet indice qui, dans le contexte d'une sémiologie donnée, renvoie de façon univoque à une interprétation donnée. La signature adhère au signe au sens où elle indique, au moyen de la facture de celui-ci, le code avec lequel le déchiffrer (Melandri 1970, 147).

Si, dans l'épistémè de la Renaissance, la signature se réfère ainsi à la ressemblance entre le signe et la chose désignée, dans la science moderne, elle n'est plus un caractère du signe pris en lui-même, mais de sa relation avec les autres signes. Dans tous les cas, « le *type* d'épistémè dépend de celui de la signature » et celle-ci est « ce caractère du signe, ou du système de signes, qui révèle au moyen de sa facture la relation qu'il entretient avec la chose désignée » (*ibid.*, 148).

16. L'idée que le passage entre sémiologie et herméneutique n'aille pas de soi, mais qu'il y ait au contraire entre elles un écart impossible à combler est l'un des derniers aboutissements des recherches d'Emile Benveniste. Prenons l'essai de

1969 intitulé *Sémiologie de la langue*. Ici, Benveniste distingue dans le langage « une double signifiance », correspondant à deux plans discrets et opposés : le plan sémiotique d'une part, et le plan sémantique de l'autre.

> Le sémiotique désigne le mode de signifiance qui est propre au signe linguistique et qui le constitue comme unité. […] La seule question qu'un signe suscite pour être reconnu est celle de son existence, et celle-ci se décide par oui ou non […] Il existe quand il est reconnu comme signifiant par l'ensemble des membres de la communauté linguistique […] Avec le sémantique nous entrons dans le mode spécifique de signifiance qui est engendré par le discours. Les problèmes qui se posent ici sont fonction de la langue comme productrice de messages. Or le message ne se réduit pas à une succession d'unités à identifier séparément ; ce n'est pas une addition de signes qui produit le sens, c'est au contraire le sens, (l'« intenté ») conçu globalement, qui se réalise et se divise en « signes » particuliers, qui sont les mots. […] L'ordre sémantique s'identifie au monde de l'énonciation et à l'univers du discours. Qu'il s'agit bien de deux ordres distincts de notions et de deux univers conceptuels, on peut le montrer encore par la différence dans le critère de validité qui est requis par l'un et par l'autre. Le sémiotique (le signe) doit être reconnu ; le sémantique (le discours) doit être compris (Benveniste 1974, 64).

Selon Benveniste, la tentative de Saussure pour concevoir la langue uniquement comme un système de signes est insuffisante et ne permet pas d'expliquer comment l'on passe du signe à la parole. La sémiologie de la langue, l'interprétation du langage comme un système de signes, a donc été « bloquée, paradoxalement, par l'instrument même qui l'a créée : le signe » (*ibid.*, 65-66). Comme Saussure en avait eu l'intuition dans les notes publiées après sa mort, si l'on présuppose que la langue est un système de signes, rien ne permet d'expliquer comment ces signes se transformeront en discours :

> Des concepts variés sont là, prêts dans la langue (c'est-à-dire revêtus d'une forme linguistique) tels que *bœuf, lac, ciel, rouge, triste, cinq, fendre, voir.* A quel moment, ou en vertu de quelle opération, de quel jeu qui s'établit entre eux, de quelles conditions, ces concepts formeront-ils *le discours ?* La suite de ces mots, si riche qu'elle soit par les idées qu'elle évoque, n'indiquera jamais à un individu humain qu'un autre individu, en les prononçant, veuille lui signifier quelque chose» (Saussure, 14).

En ce sens Benveniste peut conclure par l'affirmation radicale : « En réalité le monde du signe est clos. Du signe à la phrase il n'y a pas transition, ni par syntagmation ni autrement. Un hiatus les sépare. » (Benveniste 1974, 65). Dans les termes de Foucault et de Melandri, cela équivaut à dire que, de la sémiologie à l'herméneutique, il n'y a aucun passage et que c'est précisément dans le « hiatus » qui les sépare que se situent les signatures. Les signes ne parlent pas si les signatures ne les font pas parler. Mais cela veut dire que la théorie de la signification linguistique doit être complétée par une théorie des signatures. La théorie de l'énonciation, que développe Benveniste à la même époque, peut être considérée comme une tentative pour jeter un pont sur ce hiatus, pour rendre pensable le passage entre le sémiotique et le sémantique.

17. L'année même où Benveniste publie son essai sur la *Sémiologie de la langue,* Foucault publie *L'Archéologie du savoir.* Bien que le nom de Benveniste ne figure pas dans ce livre et malgré le fait que Foucault puisse ne pas en connaître les derniers articles, un fil secret relie le manifeste de l'épisté-

mologie foucaldienne aux thèses du linguiste. L'incomparable
nouveauté de l'*Archéologie* est de prendre explicitement pour
objet ce que Foucault appelle des « énoncés ». Or les énoncés
ne se réduisent pas simplement au discours (au sémantique),
car Foucault prend soin de les distinguer aussi bien de la phrase
que de la proposition (l'énoncé, écrit-il, est « ce qui "reste"
lorsqu'on a extrait et défini la structure de proposition », une
sorte d'élément résiduel, de « matériau non pertinent » :
Foucault 1969, 112). Mais il n'est pas non plus possible de
situer les énoncés entièrement dans le sémiotique, de les
réduire à des signes : « L'énoncé, – inutile donc de le chercher
du côté des groupements unitaires de signes. Ni syntagme,
ni règle de construction, ni forme canonique de succession
et de permutation, l'énoncé, c'est ce qui fait exister de tels
ensembles de signes, et permet à ces règles ou ces formes de
s'actualiser » (*ibid.*, 116).

D'où la difficulté que rencontre Foucault dans sa tentative de définir la « fonction énonciative »; mais d'où aussi
l'obstination à réaffirmer à chaque fois l'hétérogénéité de
l'énoncé par rapport au plan des signes et à celui des objets
qu'ils signifient :

> L'énoncé n'existe donc ni sur le même mode que la langue
> (bien qu'il soit composé de signes qui ne sont définissa-bles, en
> leur individualité, qu'à l'intérieur d'un système linguistique
> naturel ou artificiel), ni sur le même mode que des objets
> quelconques donnés à la perception (bien qu'il soit toujours
> doté d'une certaine matérialité et qu'on puisse toujours le situer
> selon des coordonnées spatio-temporelles) [...] l'énoncé n'est
> pas une unité du même genre que la phrase, la proposition ou
> l'acte de langage; il ne relève donc pas des mêmes critères;
> mais ce n'est pas non plus une unité comme pourrait l'être un

objet matériel ayant ses limites et son indépendance (Foucault 1969, 114).

L'énoncé n'est pas identifiable comme un signe ou une structure qui se réfère à une série de relations logiques, grammaticales ou syntaxiques ; dans les signes, les phrases, les propositions, il opère plutôt au niveau de leur simple existence, comme un foncteur d'efficacité, qui permet de décider à chaque fois si l'acte de langage est effectif, si la phrase est correcte, si une fonction s'est réalisée :

> L'énoncé, ce n'est donc pas une structure […] c'est une fonction d'existence qui appartient en propre aux signes et à partir de laquelle on peut décider, ensuite, par l'analyse ou l'intuition, s'ils "font sens" ou non, selon quelle règle ils se succèdent ou se juxtaposent, de quoi ils font signe, et quelle sorte d'acte se trouve effectué par leur formulation […] il n'est point en lui-même une unité, mais une fonction qui croise un domaine de structures et d'unités possibles et qui les fait apparaître, avec des contenus concrets, dans le temps et l'espace (*ibid.*, 115).

Bien entendu, Foucault se rendait compte qu'il n'était pas possible de définir l'énoncé comme un niveau parmi d'autres de l'analyse linguistique, et qu'en aucune manière l'archéologie qu'il cherchait ne délimitait dans le langage un champ comparable à celui des savoirs disciplinaires. Toute l'*Archéologie*, avec ses hésitations et ses répétitions, ses interruptions et ses reprises et, enfin, avec la reconnaissance explicite qu'elle ne vise pas à la constitution d'une science au sens propre, témoigne de cette difficulté. Dans la mesure où elle est toujours déjà investie en phrases et propositions, où elle ne coïncide ni avec les signifiants ni avec les signifiés, mais se réfère au « fait même qu'[ils] sont donnés et à la manière dont [ils] le sont » (*ibid.*, 145), la fonction énonciative est presque invisible en eux et doit être reconnue au-delà ou en deçà de leur capacité à désigner quelque chose ou à être désignés par quelque chose. Il convient donc, d'« interroger le langage, non pas dans la direction à laquelle il renvoie, mais dans la dimension qui le donne » (*ibid.*, 146); pour la saisir, il s'agit moins de considérer l'ensemble des règles logiques ou grammaticales qui ordonnent la communication ou fixent la compétence d'un sujet parlant que plutôt de s'arrêter sur les « pratiques discursives », c'est-à-dire sur ces « ensembles de règles anonymes, historiques, toujours déterminées dans le temps et l'espace, qui ont défini à une époque donnée, et pour une aire sociale, économique, géographique ou linguistique donnée, les conditions d'exercice de la fonction énonciative » (*ibid.*, 153-4).

Tout devient plus clair si l'on part de l'hypothèse que les énoncés occupent, dans l'*Archéologie*, la place qui revenait aux signatures dans *Les Mots et les choses*, et donc si l'on situe les énoncés sur ce seuil entre sémiologie et herméneutique où agissent les signatures. Ni sémiotique ni sémantique, pas encore discours ni non plus pur signe, les énoncés, comme les signatures, n'instaurent pas de relations sémiotiques ni ne créent de nouveaux signifiés, mais marquent et caractérisent les signes au niveau de leur existence et, de cette façon, en actualisent et en déplacent l'efficacité. Ils sont les signatures que les signes reçoivent par le fait d'exister et d'être employés, le caractère indélébile qui, en les marquant dans leur capacité à signifier quelque chose, en oriente et en détermine l'interprétation et l'efficacité dans un certain contexte. Comme la signature sur les monnaies, comme les figures des constellations et des décans dans le ciel de l'astrologie, comme la tache en forme d'œil sur la corolle de l'euphraise ou le caractère que le baptême imprime dans l'âme du baptisé, ils ont toujours déjà pragmatiquement décidé de ce destin et de cette vie des signes que ni la sémiologie ni l'herméneutique ne parviennent à épuiser.

La théorie des signatures (des énoncés) intervient donc pour rectifier l'idée abstraite et fallacieuse qu'il y aurait des signes pour ainsi dire purs et non marqués, que le *signans* signifie le *signatum* d'une façon neutre, univoque, et une fois pour toutes. Le signe signifie parce qu'il porte une signature, mais celle-ci en prédétermine nécessairement l'interprétation et en distribue l'emploi et l'efficacité selon des règles, des pratiques et des préceptes qu'il s'agit de reconnaître. L'archéologie est, en ce sens, la science des signatures.

18. Dans l'*Archéologie*, Foucault insiste plusieurs fois sur le caractère purement existentiel des énoncés. Puisqu'« il n'est pas une structure […] mais une fonction d'existence », l'énoncé n'est pas un objet doté de propriétés réelles, mais une pure existence, le simple fait qu'un certain élément – le langage – ait lieu. L'énoncé est la signature qui marque le langage par le seul fait qu'il existe.

Au XVIIe siècle, un philosophe anglais, Herbert de Cherbury, a tenté de relier la doctrine des signatures à l'ontologie. Cette tentative concerne l'interprétation de ces prédicats que les scolastiques appelaient « transcendants » (*transcendentia* ou *transcendentalia*), dans la mesure où, en tant que prédicats les plus généraux, ils reviennent de droit à tout être du fait même qu'il existe. Ces prédicats sont les suivants : *res, verum, bonum, aliquid, unum*. Tout être, du seul fait d'exister, est quelque chose de vrai, de bon et d'un. C'est pourquoi les scolastiques disaient que le sens de ces prédicats *reciprocatur cum ente,* coïncide avec la pure existence et ils en définissaient la nature par le syntagme *passiones entis,* c'est-à-dire les attributs qu'un être « souffre » ou reçoit du simple fait d'être.

L'apport génial de Herbert consiste à lire ces prédicats transcendants (ou au moins l'un d'eux) comme des signatures. En analysant, dans le *De veritate* (1633), la nature et le sens du transcendantal *bonum,* il le définit comme la signature qui revient à une chose du fait même d'exister : *Bonitas … in re est ejus signatura interior* (Herbert, 111). *Bonum* est une « passion de l'être », qui marque nécessairement la chose et se déploie tant dans son apparence sensible (l'« agréable », le « beau ») que dans la connaissance intellectuelle (l'intellection comme perception de l'*ultima bonitatis signatura*).

Essayons maintenant de généraliser cette intuition de Herbert. Elle jette une lumière nouvelle sur ce chapitre essentiel de la philosophie première qu'est la doctrine des transcendantaux. L'être est en soi la notion la plus vide et la plus générale qui soit, celle qui ne semble admettre d'autres déterminations que le « ni…ni » de la théologie négative. Si nous supposons, au contraire, que l'être, du fait même d'exister, de se donner dans un étant, « souffre » ou reçoit des marques ou des signatures, qui en orientent la compréhension vers un domaine déterminé et une certaine herméneutique, alors l'ontologie est possible comme « discours » de l'être, autrement dit des « passions de l'être ». *Quodlibet ens est unum, verum, bonum* : tout être présente la signature de l'unité (qui le déplace vers la mathématique ou la théorie de la singularité), de la vérité (qui l'oriente vers la doctrine de la connaissance) et de la bonté (qui le rend communicable et désirable).

On devine ici l'importance particulière de la théorie des signatures pour l'ontologie. Non seulement dans le syntagme *passiones entis* la nature – objective ou subjective – du génitif n'est pas claire, mais l'être et ses passions s'identifient : l'existence est une dissémination transcendantale en passions, c'est-à-dire en signatures. Les signatures (comme les énoncés par rapport à la langue) sont alors ce qui marque les choses au niveau de leur pure existence. L'*on haplōs*, l'être pur, est l'*archisignator*, qui imprime ses marques transcendantales sur les existants. Le principe kantien selon lequel l'existence n'est pas un prédicat réel, révèle ici son vrai sens : l'être n'est pas « le concept de quelque chose qui pourrait s'ajouter au concept d'une chose », parce qu'en vérité il n'est pas un concept, mais une signature. Et, en ce sens, l'ontologie n'est pas un savoir déterminé, mais l'archéologie de tout savoir, qui cherche les signatures revenant aux étants du fait même qu'ils existent et les préparent ainsi à l'interprétation des savoirs particuliers.

19. La théorie des signatures permet aussi de faire la lumière sur l'un des problèmes qui ont donné le plus de peine aux historiens de la cabale. Il s'agit du rapport entre l'*En-Sof* (Dieu comme être simple et infini) et les *sephiroth* (les dix « paroles » ou attributs dans lesquels il se manifeste). Si Dieu est l'absolument simple, un et infini, comment pourra-t-il admettre une pluralité d'attributs et de déterminations ? Si les séphiroth sont en Dieu, il perd son unité et sa simplicité ; si elles sont hors de Dieu, elles ne pourront être en rien divines. « Tu ne pourras pas échapper à cette alternative » martèle le philosophe dans le dialogue entre *Le philosophe et le cabaliste* du grand cabaliste padouan Moïse Hayyam Luzzato :

> tu diras soit qu'elles [les *sephiroth*] sont le divin, soit qu'elles
> ne le sont pas […] Comment concevoir du divin dérivé du
> divin? Et Dieu ne signifie-t-il pas celui qui est unique et dont
> l'existence est nécessaire? […] Il faut donc que nous le
> comprenions comme unique d'une unité absolue. Comment
> pourrons-nous concevoir en lui la multiplicité, la génération et
> la dérivation des lumières l'une de l'autre? […] Nous savons
> que le Saint béni soit-il est d'une simplicité absolue et qu'aucun
> accident du corps ne l'atteint (Luzzato, 86-87).

Le même problème se présente dans la théologie chrétienne (mais aussi hébraïque et islamique) comme problème
des attributs de Dieu. On sait que, selon Harry A. Wolfson et
Léo Strauss, l'histoire de la philosophie et de la théologie
occidentale, de Platon à Spinoza, coïncide avec l'histoire de la
doctrine des attributs divins. Et pourtant, comme les philosophes et les théologiens ne se lassent pas de le répéter, cette
doctrine est intrinsèquement aporétique. Dieu est l'être absolument simple chez qui, tout comme il n'est pas possible de
distinguer entre essence et existence, il ne l'est pas non plus de
distinguer entre essence et attributs ou entre genre et espèce.
Toutefois, s'il est l'être absolument parfait, il devra posséder
en quelque manière toutes les perfections et tous les attributs,
dans la mesure où ceux-ci expriment des perfections. On a
ainsi d'un côté ceux qui affirment que les attributs existent
réellement en Dieu et de l'autre ceux qui soutiennent tout aussi
fermement qu'ils n'existent que dans l'esprit des hommes.

Les signatures brisent cette fausse alternative. Les attributs
(comme les *sephiroth* pour les cabalistes) ne sont ni l'essence
de Dieu ni quelque chose d'étranger à elle : ils sont les signatures qui, en éraflant à peine l'absoluité et la simplicité de

l'être qui n'est que son existence, le préparent à la révélation et à la connaissabilité.

20. Le concept de signature sort de la science occidentale avec les Lumières. Les deux lignes que consacrent l'Encyclo-pédie à ce terme en établissent la nécrologie goguenarde : *Rapport ridicule des plantes entre leur figure et leurs effets. Ce système extravagant n'a que trop régné.* Il est d'autant plus significatif de le voir resurgir peu à peu sous d'autres noms à partir de la seconde moitié du XIXᵉ siècle. Dans un essai trop connu pour qu'on puisse en reprendre ici entièrement le propos, un historien italien, Carlo Ginzburg, a tracé une carto-graphie minutieuse de cette réapparition qui concerne les savoirs et les techniques les plus disparates, de la divination mésopotamienne jusqu'à Freud, des techniques policières d'identification jusqu'à l'histoire de l'art. Il suffira de rappeler que Ginzburg reconstruit un paradigme épistémologique que, pour distinguer du modèle de la science galiléenne, il définit comme « indiciaire » et qui regarde des « disciplines éminem-ment qualitatives ayant pour objet des cas, des situations et des documents individuels, *en tant que tels,* et obtenant pour cette raison même des résultats qui ont marginalement un caractère aléatoire impossible à éliminer » (Ginzburg, 170).

Un cas exemplaire est celui de Giovanni Morelli qui, entre 1874 et 1876, a publié sous le pseudonyme russe Lermolieff (il s'agissait en réalité d'une anagramme, ou plutôt d'une véri-table signature : *Morelli eff.*, c'est-à-dire *effinxit,* ou *effecit*), une série d'articles qui devaient révolutionner les techniques d'attribution en peinture (c'est à lui que l'on doit, entre autres, la restitution à Giorgione de la Vénus qui, au musée de Dresde figurait jusqu'alors comme « copie de Sassoferrato d'après un original perdu du Titien »). La nouveauté de la « méthode morellienne », qui suscita l'admiration de Burckhardt et de Freud et l'indignation des spécialistes, consistait dans le fait qu'au lieu de concentrer son attention – comme l'avaient fait jusqu'alors les historiens d'art – sur les caractères stylistiques et iconographiques les plus apparents, il examinait plutôt des détails insignifiants comme les lobes des oreilles, la forme des doigts et des orteils et « même, *horribile dictu*, un objet aussi antipathique que les ongles » (Ginzburg, 164). C'est justement dans l'exécution des détails secondaires, là où se relâchait le contrôle du style, que pouvaient émerger brusquement les traits les plus individuels et inconscients de l'artiste, « qui lui échappent sans qu'il s'en aperçoive » (*ibid.*).

Sur les traces d'Enrico Castelnuovo, un historien d'art qui avait travaillé sur le problème de l'attribution, Ginzburg rappproche la méthode indiciaire de Morelli de celle qu'à peu près dans les mêmes années, Conan Doyle avait inventée pour son détective Sherlock Holmes. « L'expert en art est comparable au détective qui découvre l'auteur du crime (du tableau) sur la base d'indices imperceptibles au plus grand nombre » (*ibid.*, 160) et l'attention presque maniaque prêtée par Holmes à l'empreinte d'une chaussure dans la boue, à la cendre d'une cigarette sur le plancher, et à la courbe même du lobe d'une oreille (comme dans le récit intitulé *The adventure of the Cardboard Box*) rappelle sans aucun doute celle du pseudo Lermolieff à l'égard des détails négligeables qui figurent dans les tableaux des grands maîtres.

On sait que les écrits de Morelli avaient attiré l'attention de Freud des années avant qu'il ne commence à élaborer la psychanalyse. Déjà Edgar Wind avait observé que le principe morellien, selon lequel la personnalité de l'auteur doit être cherchée là où son effort est le moins intense, rappelle celle de la psychologie moderne, selon laquelle ce sont nos petits gestes inconscients qui trahissent les secrets de notre caractère. Mais c'est Freud lui-même qui affirme sans réserve, dans son essai sur *Le Moïse de Michel-Ange*, que la méthode de Morelli « est apparentée de très près à la technique médicale de la psychanalyse. Elle aussi a coutume de deviner par des traits dédaignés ou inobservés, par le rebut ("refuse") de l'observation, les choses secrètes ou cachées » (Freud 1914, 23).

La nature des indices sur lesquels se fonde tant la méthode de Morelli que celle de Sherlock Holmes et de Freud, de Bertillon et de Galton, s'éclaire singulièrement si on la place dans la perspective de la théorie des signatures. Les détails que Morelli recueille sur la manière dont sont dessinés les lobes des oreilles ou la forme des ongles, les traces que Holmes cherche à reconnaître dans la boue ou les cendres de cigarette, les rebuts et les lapsus sur lesquels Freud dirige son attention sont tous des signatures qui, allant au-delà de la dimension sémiotique au sens strict, permettent de mettre en relation efficace une série de détails avec l'identification ou la caractérisation d'un individu ou d'un événement précis.

Le Cabinet des estampes de la Bibliothèque nationale de Paris conserve une série de photographies qui reproduit les objets et les indices recueillis par la police dans le jardin de l'accusé pendant l'enquête sur les crimes de Landru (1919). Il s'agit d'une série de petites vitrines scellées semblables à des cadres à tableaux, où sont classés dans un ordre parfait des épingles de nourrice, des boutons, des pointes et agrafes métalliques, des fragments d'os, des fioles contenant des poudres et autres menus objets du même genre. Quel est le sens de ces petites collections, qui rappellent irrésistiblement les objets oniriques des surréalistes? Les légendes qui accompagnent chaque vitrine ne laissent aucun doute : il s'agit de fragments d'objets ou de corps qui, comme indices ou traces, entretiennent un rapport particulier avec le crime. L'indice représente donc le cas exemplaire d'une signature qui met en relation efficace un objet, en soi anodin et insignifiant, avec un événement (dans ce cas, un crime, mais aussi, dans le cas de Freud, l'événement traumatique) et avec des sujets (la victime, l'assassin, mais aussi l'auteur du tableau). Le «bon Dieu», qui, selon le mot célèbre de Warburg – que Ginzburg met en exergue de son essai – se cache dans le détail, est un *signator*.

21. Une véritable philosophie de la signature est contenue dans les deux fragments que Walter Benjamin a consacrés à la faculté mimétique. Même si le terme n'y apparaît jamais, ce que Benjamin appelle ici «élément mimétique» (*das Mimetische*) ou «ressemblance immatérielle» renvoie sans nul doute à la sphère des signatures. La faculté spécifiquement humaine de percevoir les ressemblances, dont il cherche à reconstruire la phylogenèse et dont il enregistre la décadence dans notre époque, coïncide en effet point par point avec la capacité de reconnaître les signatures que nous avons analysée jusqu'ici. Comme chez Paracelse et chez Boehme, le domaine de la faculté mimétique n'est pas seulement l'astrologie et la correspondance entre microcosme et macrocosme, sur laquelle Benjamin s'arrête longuement, mais d'abord le langage (dans sa correspondance avec Gershom Scholem, les fragments en question sont présentés comme une «nouvelle doctrine de la langue»). La langue – et, avec elle, l'écriture – apparaît dans cette perspective, comme une sorte d'«archive de ressemblances et de correspondances non-sensibles»

(Benjamin 1977, 213), dans lesquelles celles-ci fondent et articulent les tensions entre « le dit et le sens visé, mais aussi entre l'écrit et le sens visé et pareillement le dit et l'écrit » (*ibid.*, 212). La définition qu'élabore ici Benjamin pour l'élément magico-mimétique de la langue coïncide parfaitement avec celle que nous avons donnée de la signature :

> Comme la flamme, la part mimétique du langage ne peut se manifester que sur un certain support (*Träger*). Ce support est l'élément sémiotique. La connexion signifiante des mots ou des phrases constitue ainsi le support nécessaire pour qu'apparaisse, avec la soudaineté de l'éclair, la ressemblance. Car celle-ci est souvent, et surtout dans les cas importants, produite – et perçue – par l'homme comme une illumination instantanée. Elle file comme l'éclair (*Sie huscht vorbei*) (*ibid.*, 213).

Comme nous l'avons vu pour le rapport entre signatures et signes, la ressemblance immatérielle chez Benjamin fonctionne comme un complément irréductible de l'élément sémiotique de la langue, sans lequel le passage au discours est incompréhensible. Et comme pour les signatures astrologiques chez Warburg, c'est justement l'intelligence de cet élément magico-mimétique de la langue qui permet à la fin le dépassement de la magie :

> Ainsi le langage serait le degré le plus élevé du comportement mimétique et la plus parfaite archive des ressemblances non sensibles : un médium dans lequel ont intégralement migré les anciennes forces de création et de perception mimétique, au point de liquider les pouvoirs de la magie (*ibid.*).

22. Chez Benjamin, surtout à partir du moment où il commence son travail sur les passages parisiens, c'est l'histoire qui est le domaine propre des signatures. Elles y apparaissent sous le nom de « marques » (« secrètes », « historiques » ou « temporelles ») ou d'« images » (*Bilder*, souvent qualifiées de « dialectiques »). « Le passé », lit-on dans la seconde thèse *Sur le concept d'histoire*, « apporte avec lui une marque secrète *(einen heimlichen Index)* qui le renvoie à la rédemption » (Benjamin 1974, 693). Comme le précise le fragment N3, 1 du *Livre des Passages* :

> La marque historique des images n'indique pas seulement qu'elles appartiennent à une période déterminée, elle indique surtout qu'elles ne parviennent à la lisibilité qu'à une époque déterminée. […] Chaque présent est déterminé par les images qui sont synchrones avec lui ; chaque Maintenant *(jetzt)* est le Maintenant d'une connaissabilité déterminée […] Il ne faut pas dire que le passé éclaire le présent ou que le présent éclaire le passé. Une image, au contraire, est ce en quoi l'Autrefois rencontre le Maintenant dans un éclair pour former une constellation. En d'autres termes : l'image est la dialectique à l'arrêt (Benjamin 1982, 577).

La cinquième thèse *Sur le Concept d'histoire* réitère le caractère fulgurant et précaire de l'image dans les termes mêmes que le fragment sur la faculté mimétique avait employés pour la ressemblance non sensible :

> L'image vraie du passé file comme l'éclair *(huscht vorbei)*. On ne peut saisir le passé que comme une image qui surgit et s'évanouit pour toujours à l'instant même où elle s'offre à la connaissance (Benjamin 1974, 695).

Ces définitions célèbres de l'image dialectique deviennent plus transparentes si on les ramène à leur contexte propre, qui est celui d'une théorie des signatures historiques. On sait que la recherche de Benjamin, qui suit en cela l'exemple des surréalistes et des avant-gardes, privilégie ces objets qui, dans la mesure même où ils semblent secondaires, voire voués au rebut (Benjamin parle des « haillons » de l'histoire), présentent avec plus de force une sorte de signature ou de marque qui les renvoie au présent (les passages, qui déjà dans les années 1930 étaient devenus obsolètes et presque oniriques, en sont le prototype). L'objet historique n'est donc jamais donné de façon neutre, mais est toujours accompagné d'une marque ou d'une signature qui le constitue comme image et en détermine et conditionne la lisibilité. L'historien ne choisit pas au hasard ou de manière arbitraire ses documents dans la masse inerte et infinie des archives : il suit le fil ténu et comme invisible des signatures qui en exigent ici et maintenant la lecture. C'est précisément la capacité à lire ces signatures, par nature éphémères, qui détermine, selon Benjamin, la qualité du chercheur.

23. La mode est un domaine privilégié des signatures. C'est dans la mode qu'elles montrent leur caractère proprement historique. En effet, l'actualité qu'il s'agit à chaque fois de reconnaître se constitue toujours au moyen d'un réseau incessant de renvois et de citations temporelles, qui la définissent comme un « ne plus » ou un « de nouveau ». La mode introduit dans le temps, une discontinuité particulière qui la divise selon son actualité ou son inactualité, son être ou son ne-plus-être à la mode. Cette césure, si mince soit-elle, est évidente, dans le sens que ceux qui doivent la percevoir néces-

sairement la perçoivent ou passent à côté, et c'est justement ainsi qu'il attestent de leur être (ou non être) à la mode : mais s'ils tentent de l'objectiver et de la fixer dans le temps chronologique, elle se révèle insaisissable.

La signature de la mode arrache les années (vingt, soixante, quatre-vingt …) à la chronologie linéaire et les dispose dans une relation particulière avec le geste du styliste qui les cite à comparaître dans le « maintenant » incommensurable du présent. Mais celui-ci est en soi insaisissable, parce qu'il vit seulement dans la relation kairologique (et non chronologique !) avec les signatures du passé. C'est pourquoi l'être de la mode est une condition paradoxale, impliquant nécessairement un certain écart ou un imperceptible déphasage, où l'actualité inclut à l'intérieur d'elle-même une petite part de son extérieur, un je-ne-sais-quoi de démodé. L'homme à la mode, comme l'historien, ne peut lire les signatures du temps que s'il ne se situe pas entièrement dans le passé ni ne coïncide sans reste avec le présent, mais se tient pour ainsi dire, dans leur « constellation », c'est-à-dire dans le lieu même des signatures.

24. *Indicium* (indice) et *index* (index) viennent du verbe latin *dico*, qui signifie à l'origine « montrer » (montrer par la parole et donc dire). Linguistes et philologues ont noté depuis longtemps le lien essentiel qui unit la famille lexicale de *dico* avec la sphère du droit. « Montrer par la parole » est l'opération propre à la formule juridique, dont l'énonciation réalise la condition nécessaire à la production d'un certain effet. Le terme *dix* (qui survit seulement dans la locution *dicis causa* « pour la forme »), signifie ainsi, selon Benveniste, « montrer avec l'autorité de la parole ce que l'on doit faire » (Benveniste

1969, 2, 109). *Index* désigne «celui qui montre ou indique par la parole», comme *judex* est «celui qui dit le droit». Au même groupe appartient le terme *vindex*, qui désigne celui qui, dans un procès, se substitue au défendeur et se déclare prêt à subir les conséquences de l'action judiciaire.

Il revient à Pierre Noailles d'avoir éclairci le sens de ce terme. Selon l'étymologie traditionnelle, il provient de *vim dicere*, littéralement «dire ou montrer la force». Mais de quelle force s'agit-il? Parmi les chercheurs, observe Noailles, règne à ce propos la plus grande confusion.

> Ils oscillent perpétuellement entre les deux sens que peut avoir le mot : ou bien la force ou bien la violence, c'est-à-dire la force matériellement mise en œuvre. En réalité ils ne choisissent pas. Suivant l'occasion, c'est l'une ou l'autre signification qui est mise en avant. Les *vindicationes* du *sacramentum* sont présentées tantôt comme des manifestations de force, tantôt comme des actes de violence symboliques ou simulés. La confusion est encore plus grande pour le *vindex*. Car on ne décide pas clairement si la force ou la violence qu'il indique, c'est la sienne propre qu'il met au service du droit, ou bien si c'est la violence de son adversaire qu'il dénonce comme contraire à la justice (Noailles, 57).

Contre une telle confusion, Noailles montre que la *vis* en question, ne peut être une force ou une violence matérielle, mais seulement la force du rite, c'est-à-dire une «force qui contraint, mais qui ne cherche pas, qui n'a pas à s'employer matériellement dans un acte de violence, même simulée» (*ibid.*, 59). Noailles cite à ce propos un passage d'Aulu-Gelle, où la *vis civilis … quae verbo diceretur* (la force civile, que l'on dit avec la parole) est opposée à la vis *quae manu fieret, cum vi bellica et cruenta*. En développant la thèse de Noailles, on peut supposer que la « force dite avec la parole » qui est en question dans l'action du *vindex* est la force de la formule efficace, comme force originaire du droit. La sphère du droit est donc celle d'une parole efficace, d'un « dire » qui est toujours *indicere* (proclamer, déclarer solennellement), *ius dicere* (dire ce qui est conforme au droit) et *vim dicere* (dire la parole efficace). Si cela est vrai, le droit est alors par excellence la sphère des signatures où l'efficacité de la parole excède son signifié (ou le réalise). En même temps tout le langage montre ici son appartenance originelle à la sphère des signatures. Avant d'être le lieu de la signification, ou mieux au moment même où il l'est, le langage est le lieu des signatures, sans lesquelles le signe ne pourrait fonctionner. Les *speech acts* (actes de langage), où le langage semble confiner à la magie, ne sont que le vestige le plus visible de cette archaïque nature « signatoriale » du langage.

25. Dans les sciences humaines – et en particulier dans le cadre de l'histoire – toute recherche a nécessairement affaire aux signatures. Il est d'autant plus urgent pour le chercheur d'apprendre à les reconnaître et à les manier correctement, puisqu'en dernière analyse c'est d'elles que dépendra le résultat heureux de ses recherches. Deleuze a écrit un jour qu'une recherche philosophique implique au moins deux éléments : l'identification du problème et le choix des concepts appropriés pour l'aborder. Il convient d'ajouter que les concepts impliquent des signatures sans lesquelles ils restent inertes et improductifs. Il peut même arriver que ce qui semble à première vue un concept se révèle être une signature (et vice versa). Nous avons vu à ce propos que, dans la philosophie première, les transcendantaux ne sont pas des concepts,

mais plutôt des signatures et des « passions » du concept d'« être ».

Dans les sciences humaines également, il peut arriver que l'on ait affaire à des concepts qui sont en réalité des signatures. L'un d'entre eux est la sécularisation, sur laquelle au milieu des années soixante se tint en Allemagne un débat animé qui impliqua des personnalités comme Hans Blumenberg, Karl Löwith et Carl Schmitt. La discussion était viciée du fait qu'aucun des participants ne semblait se rendre compte que la « sécularisation » n'était pas un concept, dans lequel serait en question l'« identité structurale » (Schmitt, 19) entre conceptualité théologique et conceptualité politique (telle était la thèse de Schmitt) ou la discontinuité entre théologie chrétienne et modernité (comme le soutenait Blumenberg contre Löwith), mais un opérateur stratégique qui marquait les concepts politiques pour les renvoyer à leur origine théologique. Dans le système conceptuel de la modernité, la sécularisation agit donc comme une signature qui la renvoie à la théologie. De même que, selon le droit canon, le prêtre revenu à l'état séculier devait porter un signe rappelant l'ordre auquel il avait appartenu, de même le concept « sécularisé » présente comme une signature son ancienne appartenance à la sphère théologique. La sécularisation est donc une signature qui, dans un signe ou un concept, le marque et va au-delà de lui pour le renvoyer à une interprétation déterminée ou à un domaine déterminé, sans toutefois sortir de lui pour constituer un nouveau concept ou un nouveau signifié. C'est seulement si l'on saisit le caractère de signature de la sécularisation que l'on peut comprendre l'enjeu – politique, en dernière analyse – du débat qui, de Max Weber à nos jours, ne cesse de passionner les chercheurs.

La manière dont est compris le renvoi opéré par la signature est à chaque fois décisive. Nombre de doctrines qui ont dominé le débat dans la philosophie et les sciences humaines du XXᵉ siècle impliquent, en ce sens, une pratique plus ou moins consciente des signatures. Il ne serait même pas erroné d'affirmer qu'à la base d'une part non négligeable de la pensée du XXᵉ siècle, on doive supposer quelque chose comme une absolutisation de la signature, c'est-à-dire une doctrine du primat constitutif de la signature par rapport à la signification.

Soit le concept d'opposition privative de Nicolaï Troubetskoï, qui a exercé une influence déterminante sur les sciences humaines du XXᵉ siècle. Il implique que le terme non marqué ne s'oppose pas au terme marqué comme une absence à une présence, mais que la non présence équivaut en quelque sorte à un degré zéro de la présence (que, donc, la présence manque dans son absence). Dans le même sens, selon Jakobson, le signe ou phonème zéro, tout en ne comportant aucun caractère différentiel, a pour fonction propre de s'opposer à la simple absence de phonème. Le fondement philosophique de ces idées se trouve dans la théorie aristotélicienne de la privation (*stérēsis*), dont le concept hégélien de *Aufhebung* constitue un développement cohérent. En effet, selon Aristote (*Métaphysique*, 1004 a, 16), la privation se distingue de la simple absence (*apousía*), puisqu'elle implique encore un renvoi à la forme dont il y a privation, qui s'éprouve, en quelque sorte, par son manque même.

A la fin des années cinquante, Claude Lévi-Strauss a développé ces idées dans sa théorie de l'excédent constitutif du signifiant par rapport au signifié. Selon Lévi-Strauss, la signification est originellement en excès par rapport aux signifiés qui peuvent la remplir, et cet écart se traduit par l'existence de signifiants libres ou fluctuants, en eux-mêmes vides de sens. Il s'agit donc de non-signes, ou de signes « de valeur symbolique zéro, c'est-à-dire [...] marquant la nécessité d'un contenu symbolique supplémentaire ». (Mauss, L). Cette théorie devient transparente si on la lit comme une doctrine de la priorité constitutive de la signature sur le signe. Le degré zéro n'est donc pas un signe, mais une signature qui, en l'absence d'un signifié, continue à opérer comme exigence d'une signification infinie qu'aucun signifié ne peut remplir.

Une fois encore, tout dépend de la manière dont on entend ce primat de la signature sur le signe. Le succès de la déconstruction dans les trente dernières années du XXᵉ siècle est solidaire d'une pratique interprétative qui suspend et laisse tourner à vide les signatures de manière à ne jamais donner accès à un avènement de sens achevé. Elle est donc une pensée de la signature comme pure écriture au-delà de tout concept, qui garantit de cette manière l'inextinguibilité – c'est à-dire le report infini – de la signification. Tel est le sens des notions d'« architrace » et de « supplément originaire » et de l'insistance avec laquelle Derrida affirme le caractère non conceptuel de ces « indécidables » : il ne s'agit pas de concepts, mais d'archisignatures ou de « signatures de degré zéro », qui se posent toujours déjà comme supplément par rapport à tout concept et à toute présence. La signature, séparée à l'origine et de l'origine en position de supplément, excède chaque sens dans une incessante *différance* et annule sa trace même dans un pur geste d'autosignification : « Il faut donc que le signe de cet excès soit à la fois absolument excédant au regard de toute présence-absence possible [...] et pourtant que *de quelque manière* il se signifie encore [...] La trace s'y produit comme son propre effacement » (Derrida,

76). Le se-signifier de la signature ne se saisit jamais lui-même, il ne laisse jamais être sa propre insignifiance, mais est déporté et différé dans son geste même. La trace est, en ce sens, une signature suspendue et renvoyée à elle-même, une *kénōsis* qui ne connaît jamais son *plérōma*.

La stratégie de l'archéologie foucaldienne est totalement différente. Elle aussi, elle part de la signature et de son excès par rapport à la signification. Cependant, comme on ne trouve jamais un pur signe sans signature, il n'est pas non plus possible d'isoler la signature en position originaire (même comme supplément). L'archive des signatures qui, dans l'*Archéologie*, rassemble la masse du non-sémantique inscrite dans tout discours signifiant et entoure et limite les actes de parole comme une marge obscure et insignifiante, définit aussi l'ensemble des règles qui décident des conditions d'existence et d'exercice des signes, de leur sens, de leur juxtaposition et de leur succession dans l'espace et dans le temps. L'archéologie foucaldienne ne cherche jamais l'origine ni non plus son absence : comme l'essai sur *Nietzsche, la généalogie, l'histoire* (1971) ne se lasse pas de le répéter, faire la généalogie de la connaissance ou de la morale ne signifie pas se mettre en quête de leur origine, en laissant de côté comme insignifiants ou inaccessibles les hasards et les détails de leurs commencements, les épisodes et les incidents de leur histoire ; cela signifie au contraire, maintenir les événements dans la dispersion qui leur est propre, s'attarder sur les infimes déviations et les erreurs qui en accompagnent et en déterminent le sens. Cela signifie, en un mot, chercher en tout événement la signature qui le qualifie et le spécifie et dans toute signature l'événement ou le signe qui la portent et la conditionnent. D'où encore, pour reprendre les termes de Foucault, « montrer que parler, c'est faire quelque chose – autre chose qu'exprimer ce qu'on pense » (Foucault, 1969, 272).

Il va de soi que déconstruction et archéologie n'épuisent pas le catalogue des stratégies de la signature. Il est possible, par exemple, d'imaginer une pratique qui, sans demeurer indéfiniment dans les pures signatures ni chercher simplement à connaître leur relation vitale avec les signes et les événements du discours, remonte au-delà de la scission entre signature et signe et entre sémiotique et sémantique pour mener ainsi les signatures à leur achèvement historique. Que soit possible en ce sens, une recherche philosophique qui tende, au-delà des signatures, vers ce Non-marqué qui, selon Paracelse, coïncide avec l'état paradisiaque et la perfection finale, c'est, comme on dit, une autre histoire, qu'il appartient à d'autres de vérifier.

# CHAPITRE III

# ARCHÉOLOGIE PHILOSOPHIQUE

1. L'idée d'une «archéologie philosophique» apparaît pour la première fois chez Kant. Dans les *Lose Blätter [Feuillets détachés]* pour l'écrit de 1791 intitulé *Über die Fortschritte der Metaphysik [Sur les progrès de la métaphysique]*, il s'interroge sur la possibilité d'une «Histoire philosophique de la philosophie». Une telle histoire, écrit-il «n'est en soi possible ni historiquement ni empiriquement, mais seulement rationnellement, c'est-à-dire *a priori*. Si elle expose les *facta* de la raison, elle ne peut les emprunter à la narration historique, mais doit les tirer de la nature de la raison humaine comme une archéologie philosophique [*als philosophische Archäologie*]» (Kant, 1942, 341). Le paradoxe implicite dans une telle archéologie est que, du moment qu'il ne peut s'agir simplement d'une histoire de ce sur quoi les philosophes «ont ergoté à propos de l'origine, du but et de la fin des choses du monde» (*ibid.*), c'est-à-dire des «opinions [*Meynungen*] qui ont jailli par hasard ici ou là» (*ibid.*, 343),

elle risque de manquer d'un commencement et de proposer une « histoire de choses qui ne sont pas arrivées ».

Les notes de Kant reviennent plusieurs fois sur ce paradoxe : « On ne peut écrire une histoire des choses qui ne sont pas arrivées, pour laquelle on peut seulement donner des matériaux préparatoires » (*ibid.*, 342-3). « Toute connaissance historique est empirique [...] Une représentation historique de la philosophie raconte donc comment et dans quel ordre on a philosophé. Mais l'acte de philosopher est un développement graduel de la raison humaine et celui-ci ne peut avoir procédé de façon empirique et ne peut non plus avoir commencé par de purs concepts » (*ibid.*, 340). « L'histoire de la philosophie est d'une espèce si particulière qu'en elle on ne peut raconter rien de ce qui est arrivé, sans connaître d'abord ce qui aurait dû ou pu arriver » (*ibid.*, 343).

Considérons le caractère très particulier de cette science que Kant appelle « archéologie philosophique ». Elle se présente comme une « histoire » et, comme telle, ne peut ne pas s'interroger sur son origine : mais, puisqu'elle est une histoire pour ainsi dire *a priori*, dont l'objet coïncide avec la fin même de l'humanité, c'est-à-dire avec le développement et l'exercice de la raison, l'*arché* qu'elle cherche ne peut jamais s'identifier avec un donné chronologique, ne peut jamais être « archaïque ». De surcroît, puisque la philosophie a affaire non seulement et non pas tant avec ce qui a été, mais avec ce qui aurait dû et pu être, elle finit elle-même par être en un certain sens quelque chose qui ne s'est pas encore produit, tout comme son histoire est « l'histoire de choses qui ne sont pas arrivées ».

C'est pourquoi, dans la *Logique*, Kant peut écrire que « tout philosophe construit pour ainsi dire son œuvre sur les ruines [*auf den Trümmern*] d'une autre » et que « la philosophie n'est pas quelque chose qu'il serait possible d'apprendre, du simple fait qu'elle n'est pas encore apparue. » (Kant, 1974 b, 448). En ce sens, l'archéologie est une science des ruines, une « ruinologie » dont l'objet, sans pour autant constituer un principe transcendantal au sens propre, ne peut jamais vraiment se présenter comme un tout empiriquement présent. Les *archái* sont ce qui aurait pu ou dû avoir lieu et le pourra peut-être un jour, mais qui, pour l'instant, existe seulement à l'état d'objets partiels ou de ruines. Comme les philosophes, qui n'existent pas dans la réalité, elles se présentent seulement comme *Urbilder*, archétypes ou images originelles (Kant, 1973, 7). « Un archétype ne reste tel que s'il ne peut être rejoint. Il doit seulement servir comme un cordeau [*Richtschnur*] » (*ibid.*).

2. L'idée d'une hétérogénéité essentielle dans toute pratique historique authentique, d'un décalage constitutif entre l'*arché* sur laquelle elle enquête et une origine factuelle est à la base de l'essai publié par Foucault en 1971, *Nietzsche, la généalogie, l'histoire*. D'emblée, la stratégie de l'essai est évidente : il s'agit de jouer la généalogie, dont Foucault retrouve le modèle chez Nietzsche, contre toute recherche d'une origine. Dans cette perspective, il peut même être utile de rechercher l'alliance de l'histoire : « La généalogie ne s'oppose pas à l'histoire [...] elle s'oppose au contraire au déploiement métahistorique des significations idéales et des indéfinies téléologies. Elle s'oppose à la recherche de l'"origine" » (Foucault, 1994, II, 136-37). A cette fin, Foucault distingue, parmi les termes qu'emploie Nietzsche, *Ursprung*, qu'il réserve à l'origine comme bête noire, dont il faut prendre ses distances, et les deux termes qui « marquent mieux

que *Ursprung* l'objet propre de la généalogie» (*ibid.*, 140): *Herkunft*, qu'il traduit par «provenance» et *Entstehung*, «point de surgissement». Si Nietzsche refuse la recherche de l'origine, c'est parce que *Ursprung* désigne

> l'essence exacte de la chose, sa possibilité la plus pure, son identité soigneusement repliée sur elle-même, sa forme immobile et antérieure à tout ce qui est externe, accidentel et successif. Rechercher une telle origine, c'est essayer de retrouver "ce qui était déjà", le "cela même" d'une image exactement adéquate à soi; c'est tenir pour adventices toutes les péripéties qui ont pu avoir lieu, toutes les ruses et tous les déguisements, c'est entreprendre de lever tous les masques, pour dévoiler enfin une identité première (*ibid.*, 138).

C'est contre cette idée que le généalogiste part en guerre. Non qu'il ne cherche pas quelque chose comme un commencement. Mais ce qu'il trouve «au commencement historique des choses» (*ibid.*), n'est jamais «l'identité préservée de leur origine».

> Faire la généalogie des valeurs, de la morale, de l'ascétisme, de la connaissance ne sera donc jamais partir à la quête de leur "origine", en négligeant comme inaccessibles tous les épisodes de l'histoire; ce sera au contraire s'attarder aux méticulosités et aux hasards des commencements […] Le généalogiste a besoin de l'histoire pour conjurer la chimère de l'origine (Foucault 1994, II, 140).

Le mot français «conjurer» unit en lui deux sens opposés: «évoquer» et «mettre à l'écart, expulser». Mais peut-être les deux sens ne sont-ils pas opposés, puisque pour conjurer quelque chose – un spectre, un démon, un danger – il faut d'abord l'évoquer. Il reste que l'alliance entre le généalogiste et l'historien trouve tout son sens dans cette « évocation-expulsion ». Des années plus tard, dans un entretien de 1977, le même geste définira le rapport de la généalogie avec le sujet : on doit être à même de rendre compte de la constitution du sujet dans les trames de l'histoire pour pouvoir s'en débarrasser définitivement :

> Il faut, en se débarrassant du sujet constituant, se débarrasser du sujet lui-même, c'est-à-dire arriver à une analyse qui puisse rendre compte de la constitution du sujet dans la trame historique. Et c'est ce que j'appellerais la généalogie, c'est-à-dire une forme d'histoire qui rende compte de la constitution des savoirs, des discours, des domaines d'objets, etc., sans avoir à se référer à un sujet (*ibid.*, III, 147).

L'opération qui est en question dans la généalogie consiste dans l'évocation et dans l'élimination de l'origine et du sujet. Mais qu'est-ce qui vient les remplacer ? En effet il s'agit pourtant toujours de remonter à quelque chose comme le moment où des savoirs, des discours, des domaines d'objets se sont constitués. Sauf que cette constitution a lieu, pour ainsi dire, dans le non-lieu de l'origine. Où se situent « provenance » (*Herkunft*) et « surgissement » (*Entstehung*), s'ils ne sont ni ne peuvent jamais être en position d'origine ?

3. L'identification, dans toute recherche historique, d'une frange ou d'une strate hétérogène qui ne se situe pas en position d'origine chronologique, mais comme altérité qualitative, est due, en réalité, non pas à Nietzsche, mais au théologien qui fut peut-être son ami le plus lucide et le plus fidèle, Franz Overbeck. Celui-ci appelle *Urgeschichte*, « préhistoire », cette dimension avec laquelle toute recherche historique doit néces-

sairement se mesurer. Et ce non seulement dans l'histoire de
l'Église :

> Ce n'est qu'à partir de la différence essentielle entre préhistoire
> et histoire qu'on explique pourquoi la préhistoire jouit d'une
> considération si particulière. La préhistoire est en fait une
> histoire plus importante et décisive que toute autre histoire,
> et ce de façon absolue, et pas seulement dans l'histoire de
> l'Église. L'histoire du surgissement (*Enstehungsgeschichte*)
> est, dans l'histoire de tout être vivant et, en général, dans la vie,
> incomparable (Overbeck, 53).

Cela signifie que, selon Overbeck, chaque phénomène
historique se divise nécessairement en *Urgeschichte* et *Ges-
chichte*, préhistoire et histoire, qui sont liées, mais ne sont pas
homogènes et requièrent des méthodologies et des traitements
différents. La préhistoire ne coïncide pas simplement avec ce
qui est chronologiquement plus ancien :

> Le caractère fondamental de la préhistoire est d'être histoire du
> surgissement (*Enstehungsgeschichte*) et non pas, comme son
> nom pourrait le laisser supposer, d'être extrêmement ancienne
> (*uralt*). Elle peut, au contraire, être très jeune et le fait d'être
> jeune ou vieille ne constitue en aucun cas une qualité qui lui
> appartient de façon originale. Cette qualité se laisse percevoir
> en elle aussi peu qu'une relation au temps appartient en général
> à l'histoire. Ou plutôt la relation au temps qui lui revient lui est
> attribuée seulement par la subjectivité de l'observateur.
> Comme l'histoire en général, la préhistoire n'est pas liée à un
> moment particulier dans le temps (*ibid.*, 57).

A première vue, l'hétérogénéité de la préhistoire a un
fondement objectif, car « l'histoire ne commence que là où
les monuments deviennent intelligibles et où l'on dispose de

témoignages écrits fiables. C'est derrière et en deçà que se trouve la préhistoire » (*ibid.*, 53). Mais qu'il s'agisse en réalité, non d'un donné objectif, mais d'une hétérogénéité constitutive inhérente à la recherche historique elle-même, que l'on se trouve chaque fois devant un passé pour ainsi dire de type spécial, Overbeck le précise aussitôt, sans laisser le moindre doute : « la préhistoire aussi a affaire avec le passé, mais avec un passé dans un sens particulier », par rapport auquel « le voile, qui est suspendu sur toute tradition, s'intensifie jusqu'à l'impénétrabilité » (*ibid.*). Déjà dans son étude *Über die Anfänge der patristischen Literatur [Des commencements de la littérature patristique]* (1882), Overbeck avait distingué, en ce sens, une *christliche Urliteratur*, de l'*urchristliche Literatur*; dans son œuvre posthume il précise que « le passé d'une *Urliteratur* n'est pas un simple passé, mais un passé qualifié ou un passé élevé au carré – un Plus-que-passé (*Mehr-als-Vergangenheit*) ou Surpassé (*Übervergangenheit*) : en lui il n'y a rien ou presque de passé » (*ibid.*, 55).

Le fait est qu'histoire et préhistoire, unies à l'origine, se séparent irrévocablement à un moment donné :

> Dans l'histoire de tout organisme vivant, vient un moment où les limites qui le séparent du monde ne peuvent être une nouvelle fois déplacées. C'est alors que la préhistoire ou l'histoire du surgissement (*Enstehungsgeschichte*) se sépare de l'histoire. D'où la similitude entre ce moment et la mort et la facilité avec laquelle, dans toute histoire au sens courant du terme, s'établit l'apparence d'une histoire de la décadence (*Verfallsgeschichte*). Elle rompt de nouveau ce lien des éléments que la préhistoire avait créé. [...] Si, par conséquent, dans les choses qui ont une vie et une efficacité historique, on doit distinguer entre leur époque préhistorique et leur époque

historique, c'est la préhistoire qui pose le fondement de leur efficacité historique (*ibid.*, 53).

Non seulement préhistoire et histoire sont distinctes tout en étant en relation; mais l'efficacité historique même d'un phénomène est liée à cette distinction.

Les éléments que, dans l'histoire, nous sommes habitués à considérer comme séparés, coïncident immédiatement dans la préhistoire et se manifestent seulement dans leur vivante unité. Prenons le cas d'un livre : dans la préhistoire, il

> agit comme l'unité achevée en soi de lui-même et de son auteur [...] prendre au sérieux le livre signifie, à ce moment-là, ne savoir sur son auteur rien d'autre au-delà de lui-même. L'efficacité historique du livre se fonde sur cette unité, mais elle se dissout au cours de son effectivité, jusqu'à ce qu'à la fin le livre vive tout seul, et non plus son auteur en lui. Tel est le temps de l'histoire littéraire, dont le thème fondamental est la réflexion sur l'auteur des livres qui sont maintenant les seuls à être restés en vie [...] A ce stade, le livre [...] agit séparément de son auteur, mais dès lors s'enclenche le processus qui mènera finalement à l'épuisement de toute efficacité» (Overbeck, 54).

4. Quiconque s'engage dans une recherche historique doit tôt ou tard se mesurer à cette hétérogénéité constitutive inhérente à son enquête même. Il le fait sous la forme de la critique de la tradition et de la critique des sources qui lui imposent des précautions spécifiques. La critique ne concerne pas seulement l'ancienneté particulière du passé, mais d'abord la manière dont il a été construit dans une tradition. Overbeck, qui avait longtemps travaillé sur les sources de la patristique, en était parfaitement conscient :

Il n'y a pas d'histoire sans tradition – mais si, en ce sens, toute histoire est accompagnée d'une tradition cela ne signifie pas […] que ce qu'on appelle tradition demeure toujours identique […] Celui qui écrit l'histoire ne peut en faire l'exposé qu'au prix d'un inlassable travail préliminaire : la critique de la tradition. Dans la mesure où l'historiographie présuppose cette critique et où les prétentions de la critique à l'autonomie sont justifiées, se trouve alors fondée l'exigence de reparcourir en arrière chaque période jusqu'à sa tradition et il est juste de se demander si la tradition de la préhistoire ne se caractérise pas avant la tradition de chaque autre période (*ibid.*, 52).

Ce à quoi la critique de la tradition et des sources a affaire, n'est pas un commencement métahistorique, mais la structure même de la recherche historique. C'est en ce sens qu'il faut relire les pages que, dans le § 6 d'*Etre et Temps*, Heidegger consacre à la « destruction de la tradition » et où il est possible de percevoir des échos de la pensée d'Overbeck. La distinction célèbre entre « histoire » (*Historie*) et « historicité » (*Geschichtlichkeit*), qui est ici élaborée, n'a rien de métaphysique et implique encore moins une opposition entre objet et sujet. Elle devient intelligible dès qu'on la ramène à son contexte, qui est précisément la distinction entre tradition et critique des sources :

La tradition dominante tend à rendre si peu accessible ce qu'elle transmet que, d'abord et le plus souvent, elle l'occulte bien plutôt. Elle livre ce qui est transmis à l'évidence et barre l'accès aux sources (*Quellen*) originales d'où les catégories et les concepts transmis avaient été puisés, au moins pour une part de façon authentique. La tradition fait oublier en général cette provenance (*Herkunft*). Elle a pour conséquence l'inutilité de comprendre ne fût-ce que la nécessité d'une telle régression (Heidegger, 21).

La « destruction de la tradition » doit se mesurer avec ce raidissement de la tradition pour rendre possible cette « régression vers le passé » (*Rückgang zur Vergangenheit, ibid.*) qui coïncide avec l'accès rendu possible aux sources.

Overbeck appelle « canonisation » le dispositif par lequel la tradition empêche l'accès aux sources (Overbeck, 56) et cela est vrai, en particulier, pour la littérature chrétienne des origines. Naturellement il y a aussi d'autres façons de barrer ou de contrôler l'accès aux sources. L'un d'eux passe, dans la culture moderne, par les savoirs qui, en définissant et en régulant l'ecdotique des textes, transforment l'accès même aux sources en une tradition spéciale, la science de la tradition manuscrite. Si la philologie opère une critique nécessaire et salutaire de cette tradition, elle ne peut rendre *ipso facto* au texte critique qu'elle produit son caractère de source, le constituer comme point de surgissement. Même dans le cas où il est possible de remonter, au-delà de l'archétype, à l'autographe, l'accès au caractère de source d'un texte, c'est-à-dire à sa préhistoire, nécessite une nouvelle opération. En effet, la source, entendue comme point de surgissement, ne coïncide pas avec les documents de la tradition manuscrite, même s'il est évidemment impossible d'accéder à la source sans passer par l'analyse de première main de cette tradition. D'ailleurs, l'inverse n'est pas vrai : on peut accéder à la tradition manuscrite sans avoir accès à la source comme point de surgissement (celui qui est quelque peu familiarisé avec la pratique philologique courante, sait que c'est là plutôt la règle, tandis que remonter de la tradition manuscrite à l'*Urgeschichte* – ce qui implique la capacité de renouveler la connaissance de cette tradition – est l'exception).

Mais à quoi remonte le chercheur qui se mesure au problème de la critique de la tradition et du canon? Il est clair que ce problème n'est pas ici purement philologique, car même les précautions philologiques pourtant nécessaires se compliquent lorsqu'on a affaire à l'*Urgeschichte* et l'*Entstehung*. Il n'est pas possible d'accéder aux sources, de manière nouvelle, au-delà de la tradition, sans mettre en cause le sujet historique même qui doit y accéder. Ce qui est donc en question, c'est le paradigme épistémologique lui-même de la recherche.

Nous pouvons appeler provisoirement « archéologie » cette pratique qui, dans toute enquête historique, n'a pas affaire à l'origine, mais au point de surgissement du phénomène et doit par suite aborder de manière nouvelle les sources et la tradition. Elle ne peut se mesurer avec la tradition sans déconstruire les paradigmes, les techniques et les pratiques par lesquels elle règle les formes de la transmission, conditionne l'accès aux sources et détermine, en dernière analyse, le statut même du sujet connaissant. Le point de surgissement est donc ici à la fois objectif et subjectif et se situe plutôt dans un seuil d'indécidabilité entre l'objet et le sujet. Il ne fait jamais apparaître le fait sans faire apparaître en même temps le sujet connaissant lui-même : l'opération sur l'objet est en même temps, une opération sur le sujet.


5. Il convient d'observer une grande prudence chaque fois que l'on présuppose, en amont d'une scission historique qui nous est familière, un stade préhistorique (ou en tout cas plus originaire) unitaire. Soit par exemple la division entre sphère religieuse et sphère juridique profane, dont les caractères distinctifs nous apparaissent – au moins en quelque mesure –

définis. Si l'on atteint, dans l'un de ces domaines, un stade plus archaïque, on est souvent enclin à supposer au-delà de lui un stade précédent où la sphère sacrée et la sphère profane ne se distinguent pas encore. En ce sens, Louis Gernet, travaillant sur le droit grec le plus ancien, a appelé « pré-droit » une phase originaire où droit et religion étaient indiscernables. Paolo Prodi, dans sa recherche sur l'histoire politique du serment, évoque de manière analogue un « indistinct primordial » (Prodi, 24) où le processus de séparation entre religion et politique n'avait pas encore commencé. Il est essentiel, dans des cas comme ceux-ci, de prendre garde de ne pas projeter simplement sur l'« indistinct primordial » présupposé les caractères qui définissent la sphère religieuse et la sphère profane qui nous sont connus et qui sont justement le résultat de la scission. De même qu'un composé chimique a des pro-priétés spécifiques qu'il est impossible de réduire à la somme des éléments qui le composent, de même, ce qu'il y a avant la division historique n'est pas nécessairement la somme des caractères qui en définissent les fragments. Le pré-droit (si tant est qu'une telle hypothèse ait un sens) ne saurait être seule-ment un droit plus archaïque, tout comme ce qu'il y a avant la religion telle que nous la connaissons historiquement n'est pas seulement une religion plus primitive ; il serait en revanche préférable d'éviter les termes mêmes de « religion » et de « droit », et essayer d'imaginer un $x$, pour la définition duquel nous devons mettre en jeu toute la prudence possible, en pratiquant une sorte d'épochè archéologique, qui suspende – au moins provisoirement – l'attribution à cet $x$ des prédicats que nous avons l'habitude de rapporter à la religion et au droit. Même en ce sens la préhistoire n'est pas homogène à l'histoire, le point de surgissement n'est pas identique à ce qui vient à l'être à travers lui.

6. En 1973, dans l'introduction à *Mythe et épopée III*, Georges Dumézil, polémiquant avec le structuralisme qui était alors en train de s'imposer, a tenté de définir la méthode de ses propres recherches qu'il qualifie résolument d'« historiques » :

> Je ne suis pas, je n'ai pas à être ou à n'être pas structuraliste. Mon effort n'est pas d'un philosophe, il se veut d'un historien, d'un historien de la plus vieille histoire et de la frange d'ultra-histoire qu'on peut raisonnablement essayer d'atteindre, c'est-à-dire qu'il se borne à observer les données primaires sur des domaines que l'on sait génétiquement apparentés, puis, par la comparaison de certaines de ces données primaires, à remonter aux données secondes que sont leurs prototypes communs » (Dumézil, III, 14).

Cette méthode découle, comme Dumézil le reconnaît sans difficulté, de la grammaire comparée des langues indo-européennes :

> Ce que je vois quelquefois appelé "la théorie dumézilienne" consiste en tout et pour tout à rappeler qu'il a existé, à un certain moment, des Indo-Européens et à penser, dans le sillage des linguistes, que la comparaison des plus vieilles traditions des peuples qui sont au moins partiellement leurs héritiers doit permettre d'entrevoir les grandes lignes de leur idéologie (*ibid.*, 15).

La consistance de la « frange d'ultra-histoire » que l'historien cherche ici à atteindre est donc solidaire de l'existence de l'indo-européen et du peuple qui le parlait. Elle existe dans le même sens et dans la même mesure où existe une forme indo-européenne (par exemple *deiwos* ou *med*, formes que les linguistes ont l'habitude de faire précéder d'un astérisque pour les distinguer des mots attestés dans les langues historiques). Mais chacune de ces formes, en toute rigueur, n'est qu'un algorithme qui exprime un système de correspondances entre les formes existantes dans les langues historiques et, pour reprendre les termes de Meillet, ce que nous appelons indo-européen n'est que « l'ensemble de ces systèmes de correspondances […] qui suppose une langue *x* parlée par des hommes *x* dans un lieu *x* à une époque *x* », où *x* signifie simplement « inconnu » (Meillet, 324). A moins de vouloir légitimer le *monstrum* d'une recherche historique qui produit ses documents originaux, nous ne pourrons jamais extrapoler de l'indo-européen des événements supposés s'être historiquement produits. C'est pourquoi la méthode de Dumézil a marqué un progrès significatif par rapport à la mythologie comparée de la fin du XIXᵉ siècle quand, autour de 1950, il a reconnu que l'idéologie des trois fonctions (prêtres, guerriers, pasteurs, ou, en termes modernes, religion, guerre, économie) « ne s'accompagne pas forcément, dans la vie d'une société, de la division tripartie *réelle* de cette société, selon le modèle indien » des trois castes, mais qu'elle représentait plutôt une « idéologie », quelque chose comme un « idéal et, en même temps, un moyen d'analyser, d'interpréter les forces qui assurent le cours du monde et la vie des hommes » (Dumézil, I, 15.).

La « plus vieille histoire », la « frange d'ultra-histoire » que cherche à atteindre l'archéologie ne saurait être localisée dans la chronologie, dans un passé révolu, ni non plus au-delà de celle-ci, dans une structure métahistorique intemporelle (par exemple, comme ironisait Dumézil, dans le système neuronal

d'un hominidé). Comme les mots indo-européens, elle représente une tendance présente et opérante dans les langues historiques qui conditionne et rend intelligible leur évolution dans
le temps. C'est une *arché*, mais une *arché* qui, comme chez
Nietzsche et Foucault, n'est pas repoussée diachroniquement
dans le passé, mais assure la cohérence et la compréhensibilité
synchronique du système.

7. Le terme « archéologie » est lié aux recherches de
Michel Foucault. Il fait déjà une apparition discrète – mais
décisive – dans la préface aux *Mots et les choses*. Ici, l'archéologie, à la différence de l'histoire « au sens traditionnel du
terme », se présente comme la recherche d'une dimension à la
fois paradigmatique et transcendantale, une sorte d'« *a priori*
historique », où les savoirs et les connaissances trouvent leur
condition de possibilité. Cette dimension est l'épistémè, le
« champ épistémologique où les connaissances envisagées
hors de tout critère se référant à leur valeur rationnelle ou à
leurs formes objectives, enfoncent leur positivité et manifestent ainsi une histoire qui n'est pas celle de leur perfection
croissante, mais plutôt celle de leurs conditions de possibilité »
(Foucault, 1966, 13). Il ne s'agit pas tant, précise Foucault,
d'une histoire des idées ou des sciences, que d'une recherche
qui, remontant à contre-courant l'histoire des formations
discursives, des savoirs et des pratiques, s'efforce de découvrir

à partir de quoi connaissances et théories ont été possibles ;
selon quel espace d'ordre s'est constitué le savoir ; sur fond de
quel *a priori* historique et dans l'élément de quelle positivité
des idées ont pu apparaître, des sciences se constituer, des
expériences se réfléchir dans des philosophies, des rationalités

se former pour, peut-être, se dénouer et s'évanouir bientôt
(*ibid.*).

Arrêtons-nous un instant sur l'oxymore « *a priori* historique ». Il entend souligner que, comme dans l'essai de 1971, il
ne s'agit pas non plus ici d'une origine métahistorique, d'une
sorte de donné originaire qui fonde et détermine les savoirs.
Comme l'*Archéologie du savoir* le précisera trois ans plus
tard, l'épistémè est elle-même une pratique historique, un
ensemble de relations « qu'on peut découvrir, pour une époque
donnée, entre les sciences quand on les analyse au niveau des
régularités discursives » (Foucault 1969, 250). L'*a priori,* qui
conditionne la possibilité des connaissances, est leur histoire
elle-même, saisie à un niveau particulier. C'est le niveau
ontologique de leur simple existence, le « fait brut » de leur
apparition dans un temps donné et d'une manière donnée ; ou,
pour employer la terminologie de l'essai sur Nietzsche, de leur
« point de surgissement » (dans les termes d'Overbeck, de leur
« préhistoire »). Mais comment un *a priori* peut-il apparaître et
exister historiquement ? Et de quelle façon est-il possible d'y
avoir accès ?

Selon toute probabilité, plus que de l'archéologie
philosophique kantienne, l'idée d'un « *a priori* historique »
vient de Marcel Mauss, qui, à propos de la notion de *mana*,
écrit dans son *Esquisse d'une théorie générale de la magie*
(1902-03) qu'elle est « la condition même de l'expérimentation magique » et qu'« elle est donnée *a priori*, préalablement à
toute expérience. A proprement parler, elle n'est pas, en effet,
une représentation de la magie, comme le sont la sympathie,
les démons, les propriétés magiques. Elle régit les représen-
tations magiques, elle est leur condition, leur forme nécessaire. Elle fonctionne à la façon d'une catégorie, elle rend

possibles les idées magiques comme les catégories rendent possibles les idées humaines » (Mauss, 111). En un développement significatif, Mauss définit ce transcendantal historique comme « une catégorie inconsciente de l'entendement » (*ibid.*), suggérant implicitement de cette manière que le modèle épistémologique que requiert une telle connaissance ne peut pas être tout à fait homogène à celui du savoir historique conscient. Cependant, comme pour Foucault, il est clair aussi pour Mauss que l'*a priori*, tout en conditionnant l'expérience historique, s'inscrit lui-même dans une constellation historique déterminée. Il révèle donc le paradoxe d'une condition *a priori* inscrite dans une histoire qui ne peut que se constituer *a posteriori* par rapport à elle et où la recherche – dans le cas de Foucault, l'archéologie, – doit la découvrir.

8. Foucault ne s'est pas interrogé sur la structure temporelle particulière que la notion d'un *a priori* historique semble impliquer. Et pourtant le passé dont il est ici question est, comme la « préhistoire » d'Overbeck et la « frange d'ultra-histoire » chez Dumézil, un passé de type spécial, qui ne précède pas chronologiquement le présent comme une origine, ni lui est simplement extérieur (en ce sens, selon les termes d'Overbeck, il ne contient « rien ou presque de passé »). Dans son essai sur le *déjà vu*, Bergson avait avancé la thèse selon laquelle le souvenir ne succède pas à la perception, mais lui est contemporain et peut donc, dès que l'attention de la conscience se relâche, engendrer cette « fausse reconnaissance » que Bergson, par une expression paradoxale seulement en apparence, définit comme « souvenir du présent ». « Un tel souvenir » écrit-il » appartient au passé quant à la forme et au présent quant à la matière » (Bergson, 137). En

outre, si la perception correspond à l'actuel et l'image du souvenir au virtuel, le virtuel aussi sera nécessairement, selon Bergson, contemporain du réel.

Dans le même sens, la condition de possibilité qui est en question dans l'*a priori* historique que l'archéologie s'efforce d'atteindre, est non seulement contemporaine du réel et du présent, mais leur est et reste immanente. En un geste singulier, l'archéologue qui poursuit un tel *a priori* recule, pour ainsi dire, vers le présent. C'est comme si, considéré du point de vue de l'archéologie ou de son point de surgissement, chaque phénomène historique se scindait selon la faille qui sépare en lui un avant et un après, une préhistoire et une histoire, une histoire des sources et une tradition historique qui, en tant qu'ils coïncident un instant dans le point de surgissement, sont, en vérité, contemporains. C'est quelque chose de ce genre que devait avoir à l'esprit Benjamin quand, sur les traces d'Overbeck, il écrivait que, dans la structure monadologique de l'objet historique, sont contenues aussi bien sa préhistoire que sa post-histoire (*Vor- und Nachgeschichte*) ou quand il suggérait que tout le passé doit être mis dans le présent en une « apocatastase historique » (Benjamin 1982, 573). (L'apocatastase est la restitution dans l'origine qui, selon Origène, a lieu à la fin des temps ; en qualifiant d'« historique » une réalité eschatologique, Benjamin emploie une image très semblable à l'« *a priori* historique » foucaldien).

9. Il revient à Enzo Melandri d'avoir saisi très tôt l'importance philosophique de l'archéologie foucaldienne et d'avoir tenté d'en développer et d'en préciser la structure. Alors que d'habitude, observe-t-il, l'explicitation des codes et des matrices fondamentales d'une culture se fait en recourant à

un autre code d'ordre supérieur auquel on attribue une sorte de mystérieux pouvoir explicatif (c'est là, le modèle de l'«origine»), avec Foucault, «la recherche archéologique se propose au contraire de renverser la formule ou, mieux, de rendre l'explication du phénomène immanente à sa description» (Melandri 1967, 78). Cela implique un net refus du métalangage et le recours à une «matrice paradigmatique, à la fois concrète et transcendantale, qui a la fonction de donner forme, règle et norme à un contenu» (*ibid.*, 96) (c'est le modèle de l'«*a priori* historique»). C'est cette matrice immanente que Melandri tente d'analyser, en la situant par rapport à l'opposition freudienne entre conscient et inconscient. Déjà Ricœur avait parlé d'une «archéologie du sujet» à propos de la primauté qui revient, dans la pensée de Freud, au passé et à l'archaïque. L'analyse freudienne montre que le processus secondaire de la conscience est toujours en retard sur le processus primaire du désir et de l'inconscient. La réalisation du désir, poursuivie par le rêve, est nécessairement régressive, car elle est modelée sur le «désir indestructible» d'une scène infantile, dont il prend la place. C'est pourquoi, écrit Ricœur,

> la régression, dont le rêve est le témoin et le modèle, atteste l'impuissance de l'homme à opérer entièrement et définitivement ce remplacement, sinon sous la forme inadéquate du refoulement; le refoulement est le régime ordinaire d'un psychisme condamné au retard et toujours en proie à l'infantile, à l'indestructible (Ricœur, 431).

A côté de cette archéologie au sens strict, il y a aussi, selon Ricœur, dans les écrits métapsychologiques de Freud, une «archéologie généralisée» qui concerne l'interprétation psychanalytique de la culture:

Le génie du freudisme est d'avoir démasqué la stratégie du principe de plaisir, forme archaïque de l'humain, sous ses rationalisations, ses idéalisations, ses sublimations. C'est ici la fonction de l'analyse de réduire l'apparente nouveauté à la résurgence de l'ancien : satisfaction substituée, restauration de l'objet archaïque perdu, rejetons du fantasme initial, autant de noms pour désigner la restauration de l'ancien sous les traits du nouveau (*ibid.*, 432).

Toute différente est la conception mélandrienne de l'archéologie. Comme pour Foucault, le point de départ se trouve chez Nietzsche, notamment dans le concept d'« histoire critique » de la seconde *Inactuelle*, c'est-à-dire dans cette histoire qui critique et détruit le passé, pour rendre possible la vie. Melandri généralise ce concept, en le conjuguant, par un extraordinaire *tour de force*\*, avec le concept freudien de régression :

Elle (l'histoire critique) doit reparcourir en sens inverse la généalogie réelle des événements dont elle s'occupe. La division qui est venue à s'établir entre historiographie (*historia rerum gestarum*) et histoire réelle (*res gestae*) est très semblable à celle qui existe depuis toujours entre conscient et inconscient selon Freud. Aussi l'histoire critique a-t-elle la fonction d'une thérapie visant à recouvrer l'inconscient entendu comme « refoulé » historique. Ricœur et Foucault, comme on l'a dit, appellent ce procédé « archéologique ». Il consiste à remonter la généalogie jusqu'à ce que l'on arrive en amont de la bifurcation en conscient et inconscient du phénomène en question. C'est seulement si l'on parvient à atteindre ce point que le syndrome pathologique révèle sa signification réelle. Il s'agit donc d'une *régression* : non pas cependant à l'inconscient comme tel, mais à ce qui l'a rendu inconscient – au sens dynamique de refoulé (Melandri 2004, 65-66).

Si la liaison entre archéologie et régression se trouvait déjà chez Ricœur, dans ce passage très dense, Melandri en inverse radicalement le signe. La vision pessimiste de la régression, incapable de dépasser la scène infantile originelle, cède ici la place à une vision presque sotériologique de l'archéologie, capable de remonter de façon régressive en amont de la scission entre conscient et inconscient. Mais comment entendre cette singulière « régression archéologique », qui ne cherche pas à rejoindre dans le passé l'inconscient et l'oublié, mais à remonter au point où s'est produite la dichotomie entre conscient et inconscient, historiographie et histoire (et, plus généralement, entre toutes les oppositions binaires qui définissent la logique de notre culture) ? Il ne s'agit pas simplement, selon la vulgate du modèle analytique, de porter à la conscience ce qui a été refoulé et qui refait surface sous forme de symptôme. Il ne s'agit pas non plus, selon un modèle d'histoire des classes dominées aussi répandu qu'écœurant, d'écrire une histoire des exclus et des vaincus parfaitement homogène à celle des vainqueurs. Melandri précise plusieurs fois que l'archéologie doit au contraire être entendue comme une régression et que, comme telle, elle est le contraire d'une rationalisation :

> Pour l'archéologie, le concept de régression est essentiel, et il est en outre essentiel que l'opération régressive soit la réciproque exacte de la rationalisation. Rationalisation et régression sont des opérations inverses, tout comme différentielle et intégrale […] Pour reprendre une expression archiconnue, mais encore en grande partie incomprise de Nietzsche (si ce que nous disons est vrai, il est vrai aussi que, malheureusement, cela ne pourra jamais être compris jusqu'au bout), nous pouvons dire, maintenant, que l'archéologie réclame une

régression «dionysiaque». Comme l'observe Valéry, *nous entrons dans l'avenir à reculons** [...] pour comprendre le passé, nous devrions pareillement le remonter *à reculons** (Melandri 2004, 67).

10. L'image d'une avancée dans le temps qui tourne le dos au but se trouve, comme on le sait, chez Benjamin, à qui la citation de Valéry devait être familière. Dans la IXe thèse, l'ange de l'histoire, dont les ailes se sont empêtrées dans la tempête du progrès, avance vers l'avenir *à reculons**. La régression «dionysiaque» de Melandri est l'image inverse et complémentaire de l'ange benjaminien. Si celui-ci avance vers l'avenir en tenant les yeux fixés sur le passé, l'ange de Melandri recule dans le passé en regardant vers l'avenir. Ils avancent tous deux vers quelque chose qu'ils ne peuvent pas voir ni connaître. Ce but invisible des deux images du processus historique est le présent. Il apparaît au point où leurs regards se rencontrent, quand un futur atteint dans le passé et un passé atteint dans le futur coïncident durant un instant.

Qu'arrive-t-il, en effet, quand la régression archéologique atteint le point où s'est produite la scission entre conscient et inconscient, historiographie et histoire qui définit la condition où nous nous trouvons? Comme cela devrait être maintenant évident, notre façon de nous représenter ce qui précède une scission est commandée par la scission elle-même. Imaginer un tel «avant», signifie, en effet, en poursuivant la logique inhérente à la scission, lui présupposer une condition originaire, qui s'est, à un moment donné, divisée. Dans ce cas, cela s'exprime dans la tendance à nous représenter l'en deçà ou l'au-delà de la dichotomie soit comme un état heureux, une sorte d'âge d'or exempt de refoulements, parfaitement conscient et maître de soi, soit, comme chez Freud et Ricœur, comme l'infinie répétition de la scène infantile, l'apparition indestructible du fantasme du désir. Au contraire, en deçà ou au-delà de la scission, dans la disparition des catégories qui en commandaient la représentation, il n'y a rien d'autre que l'apparition soudaine, éblouissante du point de surgissement, la révélation du présent comme ce que nous n'avons pu ni vivre ni penser.

11. L'idée que le présent ne puisse apparaître que sous la forme d'une impossibilité constitutive d'en faire l'expérience est liée à la conception freudienne du trauma et du refoulement. Selon cette conception, une expérience actuelle – une collision ferroviaire, une scène infantile (concernant en général la sexualité), une pulsion – en raison de son caractère traumatique ou parce qu'elle est en tout cas inacceptable pour la conscience, est refoulée dans l'inconscient. Elle entre ainsi dans une phase de latence durant laquelle elle semble pour ainsi dire ne pas s'être produite, mais où commencent à apparaître chez le sujet des symptômes névrotiques ou des contenus oniriques, qui témoignent du retour de ce qui a été refoulé. De cette façon,

> tout ce qu'un enfant de deux ans peut avoir vécu sans le comprendre peut certes ne jamais revenir à sa mémoire [...] mais, à un moment donné, ces événements [...] peuvent resurgir dans la vie du sujet, en lui dictant ses actions, ses sympathies, ses antipathies et souvent même ses choix amoureux (Freud 1914, 84).

Seule l'analyse peut permettre de remonter, au-delà des symptômes et des actions compulsives, aux événements refoulés.

Dans *Der Mann Moses und die monotheistiche Religion [Moïse et le monothéisme]*, Freud applique ce schéma à l'histoire des Hébreux. L'imposition de la loi par Moïse est suivie d'une longue période où la religion mosaïque entre dans une phase de latence, pour réapparaître plus tard sous la forme du monothéisme judaïque qui nous est familière. Freud établit dans cette perspective un parallèle entre « cet état spécial de la mémoire que nous appelons « inconscient » et la tradition historique : « N'y a-t-il pas ici sans doute une analogie » écrit-il « avec l'état de choses que, dans la vie effective d'un peuple, nous attribuons à la tradition ? » (Freud 1938, 443) La tradition fonctionne donc par rapport à son *traditum* comme une période de latence où l'événement traumatique est conservé et en même temps (selon l'étymologie qui unit *tradere* et trahir) refoulé.

Cathy Caruth, dans son livre intitulé *Unclaimed Experience,* suggère que la latence est en quelque sorte constitutive de l'expérience historique et que c'est justement et seulement par son oubli que l'événement traumatique est conservé et mis en œuvre.

> L'expérience du trauma, le fait de la latence, semblerait ainsi consister non dans l'oubli d'une réalité qui ne peut jamais être pleinement connue, mais dans une latence inhérente à l'expérience même. Le pouvoir historique du trauma ne consiste pas tant dans le fait que l'expérience est répétée après son oubli, que dans le fait que c'est seulement par l'oubli qui lui est inhérent qu'il peut être expérimenté [...] Que l'histoire soit l'histoire d'un trauma, cela veut dire qu'elle est n'est significative que dans la mesure où elle n'est pas pleinement perçue tandis qu'elle se produit ; ou, en d'autres termes, que l'histoire ne peut être comprise que dans l'inaccessibilité même de son avoir lieu (Caruth, 17-18).

Essayons de développer ces idées, que l'auteur laisse inexpliquées, en relation avec l'archéologie. Elles impliquent d'abord que non seulement le souvenir, comme chez Bergson, mais aussi l'oubli sont contemporains de la perception et du présent. Tandis que nous percevons quelque chose, nous nous le rappelons et nous l'oublions en même temps. Tout présent contient, en ce sens, une part de non-vécu ; il est, à la limite, ce qui reste non vécu dans toute vie, ce qui, pour son caractère traumatique ou pour son excessive proximité, demeure non éprouvé dans toute expérience (ou, si l'on préfère, dans les termes de histoire de l'être heideggerienne, ce qui, sous la forme de l'oubli, se destine dans une tradition et dans une histoire). Cela signifie que ce n'est pas tant et pas seulement le vécu, mais aussi et d'abord le non-vécu qui donne forme et consistance à la trame de la personnalité psychique et de la tradition historique, qui leur assure continuité et consistance. Il le fait sous la forme des fantasmes, des désirs, et des pulsions obsédantes qui hantent sans cesse le seuil de la conscience (individuelle ou collective). En paraphrasant le mot de Nietzsche, on pourrait dire que celui qui n'a pas vécu quelque chose (qu'il soit un individu ou un peuple), refait toujours la même expérience.

12. L'analogie entre régression archéologique et psychanalyse devient maintenant plus claire. Dans les deux cas il s'agit d'accéder à un passé qui n'a pas été vécu et qui ne peut donc se définir techniquement comme « passé », mais est resté, en quelque sorte, présent. Dans le schéma freudien, ce non-passé atteste son avoir-été par les symptômes névrotiques, dont l'analyse se sert comme d'un fil d'Ariane pour remonter à l'événement originaire. Dans l'enquête généalogique, l'accès

au passé qui a été recouvert et refoulé par la tradition, n'est rendu possible que par le patient travail qui substitue à la recherche de l'origine l'attention au point de surgissement. Mais comment est-il possible de réaccéder à un non-vécu, de revenir à un événement qui, d'une certaine façon, n'a pas encore vraiment eu lieu pour le sujet? La régression archéologique, en remontant au delà de la ligne de partage des eaux entre conscient et inconscient, atteint aussi la fêlure où souvenir et oubli, vécu et non-vécu communiquent et se séparent à la fois.

Il ne s'agit pas cependant, de réaliser, comme cela se produit dans le rêve, le « désir indestructible » d'une scène infantile, ni, comme dans la vision pessimiste de *Jenseits des Lustprinzips [Au-delà du principe de plaisir],* de répéter indéfiniment un trauma originel; il ne s'agit pas non plus, comme dans la thérapie analytique réussie, de porter à la conscience les contenus qui avaient été refoulés dans l'inconscient. Il s'agit plutôt, par la méticulosité de l'enquête généalogique, d'évoquer le fantasme, et en même temps de le travailler, de le déconstruire, de le détailler jusqu'à l'éroder progressivement et lui faire perdre son rang originaire. La régression archéologique est donc élusive : elle ne tend pas comme chez Freud, à réinstaurer un état précédent, mais à le décomposer, à le déplacer et, en dernière analyse, à le contourner, pour remonter, non à ses contenus, mais aux modalités, aux circonstances et aux moments de la scission qui, en les déplaçant, les a constitués comme origine. Elle est, en ce sens, la réciproque exacte de l'éternel retour : elle ne veut pas répéter le passé pour consentir à ce qui a été, en transformant le « ainsi fut-il » en un « ainsi ai-je voulu que ce fût ». Elle veut au contraire le laisser aller, s'en libérer, pour accéder, au-delà ou en deçà de lui, à ce qui n'a jamais été, à ce qui n'a jamais été voulu.

C'est seulement là que le passé non vécu se révèle pour ce qu'il était : contemporain au présent, et devient de cette manière pour la première fois accessible, il se présente comme « source ». C'est pourquoi la contemporanéité, la co-présence au présent, en tant qu'elle implique l'expérience d'un non-vécu et le souvenir d'un oubli, est rare et difficile ; et l'archéologie, qui remonte au-delà du souvenir et de l'oubli est la seule voie d'accès au présent.

13. Le texte où Michel Foucault a décrit – ou pressenti – avec le plus de précision les stratégies et les gestes de l'archéologie se trouve peut-être dans le premier écrit qu'il a publié, sa longue préface (1954) à *Le Rêve et l'existence* de Ludwig Binswanger. Bien que le terme même soit évidemment absent, le « mouvement de la liberté » qui est ici attribué au rêve et à l'imagination partage avec l'archéologie des significations et des objectifs. Depuis le début la thèse freudienne sur le rêve comme réalisation par procuration d'un désir originaire est catégoriquement démentie. Si le rêve est rêve est non pas désir satisfait, c'est parce qu'il « réalise aussi tous les "contre-désirs" qui s'opposent au désir lui-même. Le feu onirique, c'est la brûlante satisfaction du désir sexuel, mais ce qui fait que le désir prend forme dans la substance subtile du feu, c'est tout ce qui refuse ce désir et cherche sans cesse à l'éteindre » (Foucault 1994, I, 97). D'où l'insuffisance de l'analyse freudienne : le langage du rêve y est réduit uniquement à sa « fonction sémantique » laissant de côté sa « structure morphologique et syntaxique », c'est-à-dire le fait qu'il soit articulé en images. C'est pourquoi, dans la mesure où l'analyse de la

dimension proprement imaginaire de l'expression est entièrement omise, « la psychanalyse n'est jamais parvenue à faire
parler les images » (*ibid.*).

Si le mouvement du rêve ne peut jamais s'épuiser dans la
restauration d'une scène ou d'un trauma originaire, c'est parce
qu'il remonte bien au-delà de ceux-ci, pour puiser de nouveau
aux « mouvements premiers de la liberté » jusqu'à coïncider
avec la « trajectoire de l'existence même. » Suivre dans le rêve
cette trajectoire, signifie pour le sujet se mettre radicalement
en question, se risquer d'abord dans sa propre « irréalisation » :

> Imaginer Pierre après un an d'absence, ce n'est pas me
> l'annoncer sur le mode de l'irréalité [...] c'est d'abord m'irréa-
> liser moi-même, m'absenter de ce monde où il ne m'est plus
> possible de rencontrer Pierre. Ce qui ne veut pas dire que je
> "m'évade vers un autre monde", ni même que je me promène
> dans les marges possibles du monde réel. Mais je remonte les
> chemins du monde de ma présence ; alors se brouillent les
> lignes de cette nécessité dont Pierre est exclu, et ma présence,
> comme présence à ce monde-ci, s'efface (*ibid.*, 139).

Loin de restaurer un état archaïque antérieur, un fantasme
et une histoire familière, le rêve commence par détruire et
pulvériser tout monde réel, en s'entraînant d'abord lui-même
dans cette destruction ; s'il remonte en arrière dans le temps,
c'est pour sauter par dessus l'univers subjectif et l'univers
objectif qui lui correspond vers « le monde à l'aube de son
premier éclatement quand il est encore l'existence elle-
même » (*ibid.*, 128). De même que, dans le livre de 1969,
l'archéologie se définira par sa capacité à saisir les phénomènes au niveau de leur surgissement et de leur pur être-là, de
même dans le rêve s'effectue le passage de l'anthropologie à
l'ontologie », où « l'existence elle-même, dans la direction

fondamentale de l'imagination, indique son propre fondement ontologique » (*ibid.*, 137). Alors que chez Freud, le fantasme représente la borne indestructible qui oriente le mouvement de la régression, rêve et imagination remettent continuellement en question toute cristallisation de leur élan dans une image ou un fantasme. En effet, un fantasme se produit « lorsque le sujet trouve le libre mouvement de son existence écrasé dans la présence d'une quasi-perception qui l'enveloppe et l'immobilise » (*ibid.*, 144). Au contraire « la valeur d'une imagination poétique se mesure à la puissance de destruction interne de l'image » (*ibid.*); « toute imagination, pour être authentique, doit réapprendre à rêver ; et l'"art poétique" n'a de sens que s'il enseigne à rompre la fascination des images, pour rouvrir à l'imagination son libre chemin, vers le rêve qui lui offre, comme vérité absolue, son infracassable noyau de nuit"» (*ibid.*, 146). Cette dimension au-delà des images et des fantasmes, vers laquelle se dirige le mouvement de l'imagination, n'est pas la répétition obsédante d'un trauma ou d'une scène primitive, mais ce moment premier de l'existence « où s'accomplit la constitution originaire du monde » (*ibid.*, 145).

14. Essayons de penser la structure temporelle particulière qui est implicite dans une archéologie philosophique. Ce qui en elle est en question, ce n'est pas proprement un passé, mais un point de surgissement ; d'autre part, elle ne peut s'ouvrir un accès à celui-ci qu'en remontant en arrière jusqu'au point où il a été recouvert et neutralisé par la tradition (dans les termes de Melandri, jusqu'au point où s'est produite la scission entre conscient et inconscient, historiographie et histoire). Le point de surgissement, l'*arché* de l'archéologie, est ce qui n'arrivera, et ne deviendra accessible et présent, que quand l'enquête

archéologique aura accompli son opération. Il a donc la forme d'un passé dans le futur, c'est-à-dire d'un *futur antérieur*.

Il ne s'agit pas simplement ici, comme on l'a suggéré, d'un «pourvoi en appel pour les développements alternatifs qui avaient été condamnés en première instance» (Virno, 74), ni de conjecturer de possibles alternatives à l'état de choses existant. Benjamin a écrit un jour que «dans le souvenir nous faisons une expérience qui nous empêche de concevoir l'histoire de manière fondamentalement athéologique», parce que le souvenir modifie d'une certaine façon le passé, en transformant l'inaccompli en accompli et l'accompli en inaccompli (Benjamin, 1982, 589). Si le souvenir est en ce sens la force qui rend la possibilité à ce qui a été (tout en le confirmant comme passé), l'oubli est ce qui sans cesse la lui enlève (tout en en gardant d'une certaine manière la présence). Dans l'archéologie il s'agit au contraire – au-delà de la mémoire et de l'oubli, ou plutôt dans leur seuil d'indifférence – d'accéder pour la première fois au présent.

C'est pour cette raison que le passage qui s'ouvre ici vers le passé est projeté dans le futur. Déjà, dans l'introduction à *Le Rêve et l'existence,* Foucault note, contre Freud, cette tension profonde du rêve vers le futur :

> Le point essentiel du rêve n'est pas tellement dans ce qu'il ressuscite du passé, mais dans ce qu'il annonce de l'avenir. Il présage et annonce ce moment où la malade va enfin livrer à son analyste ce secret qu'elle ne connaît pas encore et qui est pourtant la charge la plus lourde de son présent […] le rêve anticipe sur le moment de la libération. Il est présage de l'histoire, plus encore que répétition obligée du passé traumatique (Foucault 1994, I, 127).

Au-delà de l'accent mis peut-être ici trop naïvement sur l'avenir comme « premier moment de la liberté se libérant » (*ibid.*), il faut préciser que le futur qui est en question dans l'archéologie se complique dans un passé, qu'il est un futur antérieur : il est ce *passé qui aura été,* quand le geste de l'archéologue (ou la puissance de l'imaginaire) aura déblayé le terrain des fantasmes de l'inconscient et des mailles serrées de la tradition qui empêchent l'accès à l'histoire. Ce n'est que sous la forme de cet « aura été » que la connaissance historique devient vraiment possible.

15. L'archéologie reprend à rebrousse-poil le cours de l'histoire, tout comme l'imagination remonte le cours de la biographie individuelle. Elles représentent toutes les deux une force régressive, qui toutefois ne recule pas, comme la névrose traumatique, vers une origine qui reste indestructible, mais, au contraire, vers le point où, selon la temporalité du futur antérieur, l'histoire (individuelle ou collective) devient pour la première fois accessible.

La relation entre archéologie et histoire devient ainsi transparente. Elle correspond à celle qui, dans la théologie musulmane (mais aussi, quoique de façon différente, dans les théologies chrétienne et hébraïque) distingue et, en même temps, relie, rédemption et création, « impératif » (*amr*) et « création » (*khalq*), prophètes et anges. Selon cette doctrine, il y a en Dieu, deux œuvres ou pratiques : l'œuvre de la rédemption et celle de la création. A la première correspondent les prophètes, qui font fonction de médiateurs pour affirmer l'œuvre du salut; à la seconde les anges, médiateurs pour l'œuvre de la création. L'œuvre du salut précède hiérarchiquement celle de la création : d'où la supériorité des prophètes sur les anges. (Dans la théologie chrétienne, les deux œuvres, unies en Dieu, sont assignées dans la Trinité à deux personnes distinctes, le Père et le Fils, le créateur omnipotent et le rédempteur, dans lequel Dieu s'est vidé de sa force).

Il est essentiel, dans cette conception, que la rédemption ait le pas sur la création, que ce qui semble suivre soit en réalité antérieur. Elle n'est pas un remède pour la chute des créatures, mais ce qui seul rend compréhensible la création et lui donne son sens. C'est pourquoi, dans l'islam, la lumière du prophète est le premier des êtres (tout comme, dans la tradition juive, le nom du messie a été créé avant la création du monde et, dans le christianisme, le Fils, quoique engendré par le Père, lui est consubstantiel et contemporain). Il est significatif que l'œuvre du salut – tout en ayant la préséance sur l'œuvre de la création – soit confiée, dans l'Islam et dans le judaïsme, à une créature. Cela confirme le paradoxe, qui devrait maintenant nous être familier, selon lequel les deux œuvres ne sont pas simplement séparées, mais se tiennent en un lieu unique, où l'œuvre du salut agit comme une sorte d'*a priori* immanent dans celle de la création et la rend possible.

Remonter à rebrousse-poil, comme le fait l'archéologue, le cours de l'histoire, équivaut alors à remonter l'œuvre de la création pour la rendre au salut d'où elle provient. Dans le même sens, Benjamin faisait de la rédemption une catégorie pleinement historique, opposée à tous points de vue à l'apologie des mauvais historiens. Dans cette perspective, l'archéologie n'est pas seulement l'*a priori* immanent de l'historiographie, mais le geste de l'archéologue est le paradigme de toute action humaine véritable. Car ce n'est pas seulement l'œuvre de la vie qui définit la place d'un auteur et de chaque homme, mais la manière dont il est parvenu à la rapporter à l'œuvre de la rédemption, à imprimer sur elle la signature du salut. C'est seulement pour celui qui aura su la sauver que sera possible la création.

16. Avant d'entrer dans une phase de récession, l'histoire des sciences humaines a connu une accélération décisive durant toute la première moitié du XXᵉ siècle, quand la linguistique et la grammaire comparée ont joué le rôle de « disciplines pilotes ». L'idée qu'il était possible de remonter, par une analyse purement linguistique, vers des stades plus archaïques (ou ultrahistoriques, pour reprendre l'expression de Dumézil) de l'histoire de l'humanité avait été avancée, à la fin du XIXᵉ siècle par Hermann Usener dans son enquête sur les *Götternamen* (1896). En se demandant, au début de sa recherche, comment pouvait s'être produite la création des noms divins, il observait que pour tenter de répondre à une telle question – absolument fondamentale dans l'histoire des religions – nous n'avions d'autre « témoignage » (*Urkunde*) que celui que l'on tire d'une analyse du langage (Usener, 5). Mais déjà, avant lui et avec certes moins de rigueur, la grammaire comparée avait inspiré les recherches de ces savants, qui, de Max Müller à Adalbert Kuhn et à Emile Burnouf, dans les trente dernières années du XIXᵉ siècle, avaient tenté de fonder la mythologie comparée et les sciences des religions. Au moment même où, dans sa tentative de reconstruire, par l'examen des données exclusivement linguistiques, non seulement et non pas tant les « noms divins », mais plutôt les lignes générales des « institutions indo-européennes » elles-mêmes, la grammaire comparée atteignait son apogée avec le *Vocabulaire* de Benveniste, on assistait au recul généralisé d'un tel projet et à l'orientation de la linguistique sur un modèle formalisé de type chomskien,

dans l'horizon épistémologique duquel cette recherche
pouvait être difficilement proposée.

Ce n'est pas ici le lieu de s'interroger sur la fonction et
l'avenir des sciences humaines aujourd'hui. Il nous intéresse
plutôt de nous demander de nouveau comment doit être
entendue l'*arché* qui est en question dans l'archéologie. S'il
est vrai en effet que la recherche avait enregistré un progrès
significatif quand, dans le domaine linguistique comme dans
celui de l'histoire des cultures, elle avait abandonné l'ancrage
à une langue réellement accessible et à un peuple qui la
parlait (« un indo-européen académique, celui qui se parlait,
pensait-on, "au moment de la dispersion" » Dumézil, I, 9), si
les chercheurs avaient compris que l'important n'était pas tant
de reconstruire un prototype invérifiable que d'en expliquer
comparativement les éléments connus, cependant il n'était pas
possible dans cette perspective de couper complètement le lien
au support ontologique implicite dans l'hypothèse. Ainsi
lorsque Benveniste, en 1969, eut publié son chef d'œuvre, on
ne savait sans doute pas clairement comment entendre le *locus*
épistémologique et la consistance historique de quelque chose
comme une institution « indo-européenne » et il est probable
que l'auteur, même s'il n'avait pas été frappé la même année
d'une forme totale et incurable d'aphasie, n'aurait pas été
capable de suggérer une solution.

Dans la perspective de l'archéologie philosophique que
l'on propose ici, le problème de l'ancrage ontologique doit
être complètement revu. L'*arché* vers laquelle recule l'archéologie ne doit être aucunement entendue comme un donné
localisable dans une chronologie (même avec une grille large
de type préhistorique); elle est plutôt une force agissante dans
l'histoire, de même que les mots indo-européens expriment un

système de relations entre les langues historiquement accessibles, que l'enfant dans la psychanalyse est une force active dans la vie psychique de l'adulte et que le *big bang*, que l'on suppose avoir donné naissance à l'univers, est quelque chose qui continue à envoyer vers nous son rayonnement fossile. Mais à la différence du *big bang*, que les astrophysiciens prétendent dater, fût-ce en termes de millions d'années, l'*arché* n'est pas un donné ou une substance, mais plutôt un champ de courants historiques bipolaires, tendus entre l'anthropogenèse et l'histoire, entre le point de surgissement et le devenir, entre un archi-passé et le présent. Comme telle – dans la mesure où, comme l'anthopogenèse, elle est quelque chose que l'on suppose avoir eu lieu nécessairement, mais qui ne peut être hypostasié en un événement situé dans une chronologie – elle seule est à même de garantir l'intelligibilité des phénomènes historiques, de «les sauver» archéologiquement en un futur antérieur dans la compréhension non d'une origine – dans tous les cas invérifiable – mais de son histoire, à la fois finie et intotalisable.

Il est maintenant possible de comprendre ce qui est en jeu dans le déplacement du paradigme des sciences humaines de la grammaire comparée (une discipline essentiellement historique) à la grammaire générative (c'est-à-dire une discipline en dernière instance biologique). Dans les deux cas, le problème reste celui de l'ancrage ontologique ultime qui est, pour la grammaire comparée (et pour les disciplines qui se fondent sur elle) un événement historique originaire et, pour la grammaire générative (et pour les disciplines cognitivistes qui lui sont solidaires) le sytème neuronal et le code génétique de l'*homo sapiens*. L'actuelle prééminence, dans le domaine des sciences humaines, des modèles issus des sciences cognitives témoigne de ce déplacement du paradigme épistémologique. Cependant les sciences humaines n'atteindront leur seuil épistémologique décisif que lorsqu'elle auront repensé depuis le début l'idée même d'un ancrage ontologique pour envisager l'être comme un champ de tensions essentiellement historiques.

# BIBLIOGRAPHIE

BENJAMIN, Walter

    1974 *Über den Begriff der Geschichte*, in *Gesammelte Schriften*, I, 2, Frankfurt-am-Main, Suhrkamp, 1977.

    1977 *Über das mimetische Vermögen*, in *Gesammelte Schriften*, II, 1, Frankfurt-am-Main, Suhrkamp.

    1982 *Das Passagenwerk* in *Gesammelte Schriften*, V, 1, Frankfurt-am-Main, Suhrkamp.

BENVENISTE, Émile

    1969 *Le Vocabulaire des institutions indo-européennes*, t. I-II, Paris, Minuit.

    1974 *Problèmes de linguistique générale*, t. II, Paris, Gallimard.

BERGSON, Henri

    1949 *Le Souvenir du présent et la fausse reconnaissance*, in *L'Énergie spirituelle*, Paris, P.U.F., (1re éd. 1919).

BOEHME, Jakob

    1955 *Sämtliche Werke*, édition établie par Will-Erich Peuckert, t. VI, Stuttgart, Frommann.

BOUREAU, Alain

    2004 *Le Pape et les sorciers. Une consultation de Jean XXII sur la magie en 1320 (manuscrit B.A.V. Borghese 348)*, Rome, École française de Rome.

CARUTH, Cathy

    1996 *Unclaimed experience. Trauma, Narrative and History*, Baltimore, Johns Hopkins University Press.

DERRIDA, Jacques

    1972 *Marges de la philosophie*, Paris, Minuit.

DREYFUS, Hubert et RABINOW, Paul

    1982 *Michel Foucault : Beyond Structuralism and Hermeneutics*, Chicago, The Havester Press.

DUMÉZIL, Georges

    1968-1973 *Mythe et épopée,* t. I-III, Paris, Gallimard.

FOUCAULT, Michel

    1966 *Les Mots et les choses. Une archéologie des sciences humaines*, Paris, Gallimard.

    1969 *L'Archéologie du savoir*, Paris, Gallimard.

    1975 *Surveiller et punir. Naissance de la prison*, Paris, Gallimard.

    1994 *Dits et écrits*, éd. établie par Daniel Defert et François Ewald, avec la collaboration de Jacques Lagrange, t. I-IV, Paris, Gallimard.

FREUD, Sigmund

    1914 *Der Moses des Michelangelo*, « Imago », III, 1. (trad. fr. *Le Moïse de Michel-Ange* in *Essais de psychanalyse appliquée*, Paris, Gallimard, 1971).

    1938 *Der Mann Moses und die monotheistische Religion,* Amsterdam, de Lange.

GINZBURG, Carlo

1986 *Miti Emblemi Spie. Morfologia e storia*, Torino, Einaudi.

GOETHE, Wolfgang

1957 *Naturwissenschaftliche Schriften, Gedenksausgabe*, vol. 1-2, Zürich, Artemis Verlag.

GOLDSCHMIDT, Victor

1985 *Le paradigme dans la dialectique platonicienne*, Paris, Vrin (1re éd. 1947).

HEIDEGGER, Martin

1972 *Sein und Zeit*, Tübingen, Niemeyer (1re éd. 1927).

HERBERT DE CHERBURY

1645 *De veritate – De causis errorum – De religione laici – Parerga*, London (réimpression anastaltique présentée par Günter Gawlick, Stuttgart-Bad Cannstatt, Frommann, 1966).

JAMBLIQUE

1516 *Iamblichus de mysteriis Aegyptiorum, Chaldaeorum, Assyriorum … Proclus de sacrificio & magia … Marsilio Ficino florentino interprete*, in aedibus Aldi, Venetiis.

1966 *Les mystères d'Egypte*, Éditions Édouard Des Places, Paris, Les Belles Lettres.

KANT, Emmanuel

1974a *Kritik des Urtheilskraft*, Werkausgabe, W. Weischedel (éd.), Franfurt-am-Main, Suhrkamp, 1974, X (2e éd., 1793).

1974b *Logik*, in *Werkausgabe*, W. Weischedel (éd.), Frankfurt-am-Main, Suhrkamp, 1974, VI.

1942 *Lose Blätter zu den Fortschritten der Metaphysik*, in *Gesammelte Schriften*, III, Berlin, Akademie Ausgabe.

1973 *Philosophische Enzyklopädie*, in *Gesammelte Schriften*, XXIX, Berlin, Akademie Ausgabe.

KUHN, Thomas S.

1970 *The Structure of Scientific Revolution*, Chicago, Chicago University Press.

LÉVI-STRAUSS, Claude

1950 *Introduction à l'œuvre de Marcel Mauss*, in Marcel Mauss, *Sociologie et anthropologie*, Paris, P.U.F.

LUZZATTO, Moise Hayyim

1991 *Le philosophe et le cabaliste. Exposition d'un débat*, Lagrasse, Éditions Joëlle Hansel, Verdier.

MAUSS, Marcel

1950 *Sociologie et Anthropologie*, Paris, P.U.F.

MEILLET, Antoine

1975 *Linguistique historique et linguistique générale*, Paris, Champion, (1re éd. 1921).

MELANDRI, Enzo

1970 Note in margine all'episteme di Foucault "Lingua e stile", V.

2004 *La linea e il circolo. Studio logico-filosofico sull'analogia*, Macerata, Quodlibet, (1re éd. 1968).

MILO, Daniel S.

1991 *Trahir le temps. Histoire*, Paris, Les Belles Lettres.

NOAILLES, Pierre

1948 *Fas et jus. Etudes de droit romain*, Paris, Les Belles Lettres.

OVERBECK, Franz

1996 *Kirchenlexicon Materialen. Christentum und Kultur,* éd. établie par Barbara von Reibnitz, in *Werke und Nachlass*, VI, 1, Stuttgart-Weimar, Metzler.

PARACELSE (Theophrast von Hohenheim)

1859 *Bücher und Schriften,* édition établie par Johannes Huser, Waldkirch Basel, t. I-VI, (réimpression anastaltique, Hildesheim-New York, Olms).

PINGREE, David (éd.)

1986 *Picatrix. The latin version of the Ghayat-Al-Hakim,* London, The Warburg Institute-University of London.

PRODI, Paolo

1992 *Il sacramento del potere. Il giuramento politico nella storia constituzionale dell'Occidente,* Bologna, il Mulino.

RICŒUR, Paul

1965 *De l'interprétation. Essai sur Freud,* Paris, Seuil.

SAUSSURE, Ferdinand de

1971 *Ms. Fr. 3961* dans Jean Starobinski, *Les Mots sous les mots: Les Anagrammes de Ferdinand de Saussure,* Paris, Gallimard.

SCHMITT, Carl

1970 *Politische Theologie II. Die Legende von der Erledigung jeder Politischen Theologie,* Berlin, Duncker & Humblot.

USENER, Hermann

2000 *Götternamen. Versuch einer Lehre von der religiosen Begriffsbildung,* Frankfurt-am main, Klostermann, (1re éd. 1896).

VIRNO, Paolo

1991 *Un dedalo di parole. Per un'analisi linguistica della metropoli,* in Massimo Ilardi, *La città senza luoghi, conflitto, consumo nella metropoli,* Genova, Costa e Nolan.

WARBURG, Aby

    1966 *Arte italiana e astrologia internazionale nel palazzo Schifanoia di Ferrare*, in *La Rinascità del paganesimo antico*, Firenze, La nuova Italia.

    2000 *Das Bilderatlas Mnemosyne,* Martin Warnke (éd.) avec la coll. de Claudia Brink, Berlin, Akademie Verlag.

# INDEX DES NOMS

# TABLE DES MATIÈRES